1. Auflage

Copyright © 2013 Nicole St.John
Email: info@astrologieundlicht.ch
HP: www.astrologieundlicht.ch

Jeder Nachdruck und jede Wiedergabe, Uebersetzung, Vervielfältigung und Verbreitung, auch von Teilen des Werkes oder von Abbildungen, jede Abschrift, auch auf fotografischem Wege oder im Magnettonverfahren, in Vortrag, Funk- und Fernsehsendung, Internet, Telefonübertragung sowie Speicherung in Datenverarbeitungsanlagen bedarf der ausdrücklichen Genehmigung der Autorin.

Herstellung und Verlag:
Books on Demand GmbH, Norderstedt
ISBN 9-783732-244584

Nicole St.John

Das Salomon-Siegel als ein Weg in die Freiheit

Die magischen Dreiecke in der Numerologie

der
St.John-Methode©

Inhaltsverzeichnis

Vorwort   Seite 11

Allgemeine Bedeutung des Salomon-Siegels   Seite 15

Das physische Dreieck
Entwicklungsschritte auf der physischen Ebene
in der St.John-Methode©   Seite 17

Das psychische Dreieck
Entwicklungsschritte auf der psychischen Ebene
in der St.John-Methode©   Seite 19

Das Salomon-Siegel
in der St.John-Methode©   Seite 23

Die Körper-Zentrumszahl 3
in der St.John-Methode©: Beispiele   Seite 25

Die Körper-Zentrumszahl 6
in der St.John-Methode©: Beispiele   Seite 30

Die Körper-Zentrumszahl 9
in der St.John-Methode©: Beispiele   Seite 35

**Die allgemeine Bedeutung der Drei
und im hebräischen Alphabet als Gimel**
in der St.John-Methode©   Seite 40

**Die allgemeine Bedeutung der Sechs
und im hebräischen Alphabet als Waw**
in der St.John-Methode©   Seite 42

**Die allgemeine Bedeutung der Neun
und im hebräischen Alphabet als Tet**
in der St.John-Methode©   Seite 46

Der Vergleich der Körperzahlen untereinander
in der St.John-Methode©   Seite 48

**Die allgemeine Bedeutung der Sieben
und im hebräischen Alphabet als Sajin**
in der St.John-Methode©   Seite 51

**Ein Vergleich der Zahlen 3, 6 und 9
mit der Astrologie**
in der St.John-Methode©   Seite 53

**Die Bedeutung der Zahl 3
als Tierkreiszeichen und als Haus**   Seite 53

**Die Bedeutung der Zahl 6
als Tierkreiszeichen und als Haus**   Seite 54

**Die Bedeutung der Zahl 9
als Tierkreiszeichen und als Haus**   Seite 55

Die Astrologie und die Zahl 7
in der St.John-Methode©   Seite 57

Die Bedeutung der Zahl 7 **als Tierkreiszeichen und als Haus**	Seite 57
Ein Vergleich der Zentrumszahlen 3, 6 und 9 **und der Zahl 7 selbst als 7. Zahl im Zentrum** **des Salomon-Siegels** in der St.John-Methode©	Seite 60
Die einzelnen Zahlen der Zentrumszahl 3	Seite 66
Die einzelnen Zahlen der Zentrumszahl 6	Seite 69
Die einzelnen Zahlen der Zentrumszahl 9	Seite 72
Die rechte und die linke Hirnhälfte und die **dazugehörigen Zahlen**	Seite 74
Der Körper und seine Zahlen	Seite 77
Zusammenfassung	Seite 82
Abschliessende Bemerkungen	Seite 84
Anhang	Seite 86
Quellennachweis	Seite 89
Über die Autorin	Seite 91

Vorwort

„Die Weisheit aber - wo findet man sie und wo ist die Stätte der Einsicht?"
(Ijob 28.12)

Es war der 17. September 2012, ein Montag. Am Abend dieses Tages gab ich im „Astro-Kreis" einen Vortrag zu meinem im Dezember des letzten Jahres erschienenen Buches „karmisch-astrologische Numerologie". Der Abend wurde ein voller Erfolg und alle Exemplare meines mitgebrachten Buches verkauften sich im nu! Im Zuge dieses Vortrages interessierten sich einige Besucher u.a. für diese, meine, „magischen Dreiecke" und forderten mich im Anschluss dazu auf, mich doch mit diesen näher zu beschäftigen. Da auch ich mich schon vorher – im Zusammenhang mit der Entstehung meines Buches „karmisch-astrologische Numerologie" - immer mehr dafür interessierte, sagte ich gerne zu. Da ich aber zu dieser Zeit noch an anderen Projekten arbeitete, verschoben sich meine Forschungen und Analysen bis in den Frühling 2013 hinein. Dann aber begann ich damit und was ich dabei heraus fand, war sehr verblüffend!

Da ich als Astrologin über sehr viel Datenmaterial verfüge, konnte ich dieses auch für die Numerologie anwenden. Ich arbeitete bzw. forschte und analysierte neugierig. Je mehr ich mich mit der Materie einließ, je spannender wurde es ... und je mehr Fragen tauchten auf!

Das Ergebnis veröffentliche ich nun in diesem Büchlein. Ich hoffe, dass ich für die Leser wieder einen weiteren Schlüssel bzw. „Passepartout" meiner „St.John-Methode©" in den Händen halte und, dass dieses spezielle Numerologiebuch wieder ein weiteres „Bewusstseins-Puzzleteilchen" unter den vielen ist, welches zu einem umfassenderen bewussten Bild des Lebens verhilft. Denn, wie schon im Buch „karmisch-astrologische Numerologie" erwähnt: Je mehr Teile man zusammenfügt, desto mehr zeigt sich das bewusste Lebensbild! Das heisst, dass die gemachten Erfahrungen und Erkenntnisse jeden bewusst werden lassen, welche Realität man sich selbst erschaffen hat. Viele Teile ergeben ein Ganzes – und so ist es für mich selbstverständlich, in der Astrologie auch die Numerologie einzubeziehen und umgekehrt.

Auch dieses Büchlein soll keine neue „Lehre" aufstellen! Nein, dieses Büchlein soll eher zum philosophischen Denken anregen – zum Denken u/o Überdenken des eigenen Lebensweges. Es sollen Fragen auftauchen wie

- „WELCHE Wege in die Freiheit wollen mir MEINE persönlichen Salomon-Siegel aufzeigen?"
- „WIE begehe ich diese Wege?"
- „WAS bedeuten die neun Wege in MEINEM persönlichen Lebens-Zyklus als Gesamtes?" und zu allerletzt vielleicht sogar
- „WO komme ICH her und WOHIN gehe ich"?

Wieder bitte ich die Leser ganz generell darum, meine von mir entwickelten Techniken nicht als gegeben und unantastbar zu betrachten – nein, sie sollen wieder Denkanstöße und Anregungen für Eigenes geben und zur Weiterentwicklung anregen!

Denn der „Wechsel der Zeit" oder „die Zeit zwischen den Zeiten" hat schon längst begonnen – bei jedem von uns - und schon vor dem damaligen Ende des berühmten Maya-Kalenders vom 21. Dezember 2012! Nun beginnt endlich definitiv wieder Neues und in der heutigen Sicht noch unbekanntes Wissen - in alten Tagen aber mehr als bekannt - in unser Bewusstsein einzuströmen. Es fordert uns auf, es unbedingt in das Heutige zu integrieren! Nicht umsonst steht zum jetzigen Zeitpunkt der Planet Chiron – der Planet der Heilkunst - in den hypersensiblen Fischen. Er hilft uns, die immer grösser werdenden feinen und subtilen Risse, welche die Wahrnehmung unseres heutigen Alltags durchziehen, zu heilen. Denn es scheint ALLES irgendwie eine Heilung zur Vollständigkeit zu benötigen! Die „chirotische Wunde" der Verletztheit und der Unvollkommenheit, des Makels und der Beschädigung ist offen und das Gefühl des „nicht-mehr-intakt-seins" – sie ist allen immer mehr bewusst!

Da die Chiron-Energien subtil sind und die Sprache des Chiron sich nicht so leicht in Worte fassen lässt, ist es darum einfacher sie mit einer Art von „Hieroglyphen" zu übersetzen. Dazu gehört nebst dem Öffnen des Herz-Chakra die Symbolik wie sie u.a. in der Astrologie durch Zeichen und in der Numerologie durch Zahlen dargestellt werden.

Dieses Büchlein soll also eine Manifestation des jetzigen

Zeitgeistes sein und im laufenden Bewusstseinswandel ein Vermittler zwischen altem und neuem Wissen werden.

In meinen Ausführungen verwende ich, wenn vorhanden, die männliche Anredeform – natürlich spreche ich damit auch die weiblichen Leserinnen an.

Und nochmals und wieder als Wichtigstes erwähnt: Keine Zahl ist besser oder schlechter als die andere! Es gibt keine guten oder schlechten „Nummern-Bilder" wie es auch keine guten oder schlechten Horoskope gibt! Jeder Aspekt, sei er numerologisch oder astrologisch, ist ein Wegweiser für die betreffende Person, denn: Die Sterne und die Zahlen machen geneigt, aber sie zwingen nicht!

Wettingen, Frühling 2013

„Man sieht nur mit dem Herzen gut. Das Wesentliche ist für die Augen unsichtbar!"
(Antoine de Saint-Exupéry, Werk: Der Kleine Prinz).

Allgemeine Bedeutung des Salomon-Siegels

Was ist dieses Salomon-Siegel oder auch "Schild Salomons" genannt eigentlich genau?

Das Salomon-Siegel ist eine symbolische Darstellung des doppelten und magischen Dreiecks. Im Osten war es ein heiliges Zeichen und wurde in der Religion benutzt. Es ist voll okkulter Bedeutung. In Indien gilt das Sechseck als ein Zeichen gegen das Böse und wird dort dafür an die Häuser gemalt.

Das Siegel geht, wie der Name es sagt, auf den biblischen König Salomo zurück, dem größten und mächtigsten König Israels. Er galt als Herrscher über die Dschinn (Geister) und man sagt, dass er auch Verfasser von magischen Büchern gewesen sei.

Das Salomon-Siegel setzt sich einerseits aus zwei magischen Dreiecken zusammen und beinhaltet andererseits auch die Symbolik der vier Elemente, also von **Feuer, Wasser, Luft** und **Erde:**

Das Dreieck mit der Spitze nach oben bedeutet Feuer u/o göttliches Feuer.
Das Dreieck mit der Spitze nach unten bedeutet Wasser u/o die Wasser der Materie.

Das Dreieck mit der Spitze nach oben und einem Querstrich nahe der Spitze bedeutet Luft u/o Astrallicht und

das Dreieck mit der Spitze nach unten und einem Querstrich nahe der Spitze bedeutet Erde u/o grobe Materie.

Diese werden wie folgt dargestellt:

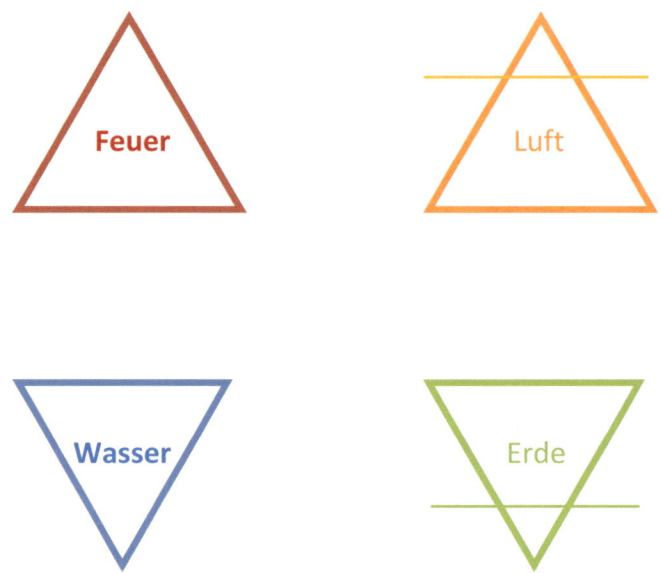

In diesem Buch konzentrieren wir uns nebst dem Salomon-Siegel auf die beiden magischen Dreiecke, welche u.a. die **Polarität** von männlich und weiblich, oben und unten, Feuer und Wasser sowie "Licht/Geist und Dunkelheit/Materie" – hier psychisches und physisches Dreieck genannt – verkörpern.

Das physische Dreieck
in der St.John-Methode©

Entwicklungsschritte auf der physischen Ebene

Um die einzelnen Entwicklungsschritte auf der physischen Ebene zu verdeutlichen, wird ein Teil des Hexagramms, des Salomon-Siegels, genommen, und zwar dasjenige Dreieck, welches mit der Spitze nach oben steht.

Für die Berechnung der einzelnen Punkte werden
- **die Quersumme des aktuellen Jahres**
- **die Quersumme des Alters auf das aktuelle Jahr sowie**
- **die Quersumme des Geburtstages auf das aktuelle Jahr**

berechnet.

Als Letztes wird die sogenannte Helferzahl aus den drei Quersummen errechnet – es wird die Zahl sein, die einem in jeder Situation physisch immer weiterhelfen wird.

Folgendes Beispiel soll dies verdeutlichen:

Unser Geburtsdatum ist - wie schon im vorhergehenden Buch "karmisch-astrologische Numerologie" - der 5.12.1967;

die Berechnung des physischen Dreiecks für das Jahr ab Geburtstag im 2012 wird wie folgt berechnet:

Die Quersumme des Jahres 2012 ist 5 und diese Zahl wird an die Spitze des physischen Dreiecks gesetzt.

Die Zahl des Alters errechnet sich durch die Jahreszahl 2012 minus die Jahreszahl der Geburt = 45; die Quersumme davon ist 9.

Die Zahl des persönlichen Jahres errechnet sich durch die Quersumme des Geburtstages im 2012, also 5.12.2012 = 13; die Quersumme ist 4.

Zuletzt addieren wir diese drei errechneten Zahlen, damit wir die helfende Zahl erhalten = 18. Die Quersumme dazu wäre dann 9.

Das magische Dreieck sieht dann wie folgt aus:

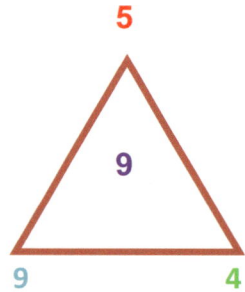

Das psychische Dreieck
in der St.John-Methode©

Entwicklungsschritte auf der psychischen Ebene

Um die einzelnen Entwicklungsschritte auf der psychischen Ebene zu verdeutlichen, wird ein Teil des Hexagramms, des Salomon-Siegels, genommen, und zwar dasjenige Dreieck, welches mit der Spitze nach unten steht.

Für die Berechnung der einzelnen Punkte werden die Quersumme des Jahres, die Quersumme der Alterszahl und die Quersumme des persönlichen Jahres benötigt.

Als Letztes wird dann wieder die sogenannte Helferzahl aus den drei Additionssummen errechnet – es wird die Zahl sein, die einem in jeder Situation psychisch weiterhelfen wird.

Folgendes Beispiel soll dies ebenfalls verdeutlichen:

Unser Geburtsdatum ist wieder – wie schon im vorhergehenden Buch "karmisch-astrologische Numerologie" - der 5.12.1967; die Berechnung des psychischen Dreiecks für das Jahr ab Geburtstag im 2012 wird wie folgt berechnet:

Wir erinnern uns: das persönliche physische Jahresthema im 2012 war die **4**. Die Quersumme des Jahres 2012 ist die **5** und das quergerechnete Alter zu diesem Zeitpunkt die **9**.

Nun addieren wir **das persönliche physische Jahresthema, die 4,** mit der Zahl des Jahres, der **5** = **9**.

Nun addieren wir die Alterszahl, die 9, mit der Zahl des Jahres, der **5** = **5**.

Nun addieren wir die Alterszahl, die 9, mit dem persönlichen physischen Jahresthema, die **4** = **4**.

Zuletzt addieren wir diese drei errechneten Zahlen, damit wir die helfende Zahl erhalten = wieder 18. Die Quersumme dazu wäre dann wieder **9**.

Das magische Dreieck sieht dann wie folgt aus:

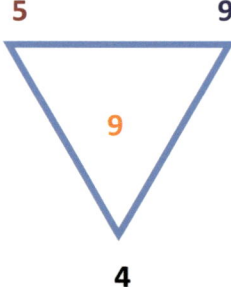

Wir sehen nun, dass auf der psychischen Ebene das Thema des entsprechenden Jahres mit den Zahlen **5** und **9** zu tun haben wird UND, dass das Thema entsprechend der Zahl **4** so auf die Erde gebracht werden soll.

Die helfende Zahl **9** soll gemäß ihrem Aussagewert in jeder Situation weiterhelfen.

Analysiert könnte dies zum Beispiel heißen, dass psychisch eine Transformation von Wissen stattfindet, welches strukturiert und konzentriert auf die Erde gebracht wird. Oder es werden dort Grenzen gesprengt und es finden psychisch Ablösungen statt, die dann wieder ein "neues" solides Fundament auf der Erde schaffen.

Zusammen mit den Entwicklungsschritten auf der physischen Ebene können sich die Entwicklungsschritte auf der psychischen Ebene sehr gut ergänzend auswirken. Dies vor allem auch, weil das physische Dreieck die Materie/den Körper und das psychische Dreieck den Geist darstellt.

Diese beiden magischen Dreiecke vereinigen sich dann im Salomon-Siegel oder auch „Schild Salomons" und verschmelzen so zu einer neuen, weiteren Einheit. Diese neue und erweiterte Einheit wird nachfolgend noch tiefer betrachtet!

Übrigens stellt ein vollständiger Zyklus des Nativen neun verschiedene „Salomon-Siegel" dar, welche zusammen dann den gesamten „Zyklus-Weg" darstellen!

Das Salomon-Siegel
in der St.John-Methode©

Diese Vereinigung von oben und unten, männlich und weiblich, Feuer und Wasser und von Geist und Materie zeigt sich dann durch das Schild Salomons, dem „Salomon-Siegel". Und nicht nur das! Durch diese Vereinigung ergibt sich **eine neue, eine erweiterte Einheit: Das Zentrum des Selbst,** dargestellt durch die göttliche Sieben.

Man stelle sich dies wie folgt vor:
- Das physische Dreieck, die Materie, ergibt sich aus drei Zahlen
- Das psychische Dreieck, der Geist, ergibt sich ebenso aus drei Zahlen

Im Zentrum stehen die BEIDEN Helferzahlen: Synthesen der drei physischen oder psychischen Einzelzahlen.

Diese beiden Helferzahlen ergeben ihrerseits durch Ihre Vereinigung wieder eine Zahl: Dies ist dann die neue und erweiterte Einheit: **das Zentrum des Selbst.** Und es ist wie schon erwähnt die siebte Zahl, die göttliche Zahl.

An unserem Beispiel vom 5.12.1967 würde dies dann wie folgt aussehen:

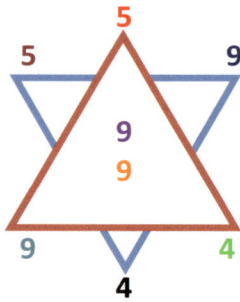

Die Vereinigung der beiden Helferzahlen 9 und 9 ergibt die Zentrumszahl des Selbst = 18; die Quersumme davon ist in diesem Beispiel wieder 9.

Wenn nun verschiedene Geburts-Hexagramme – also die Salomon-Siegel der vielen verschiedenen Geburtstage – miteinander verglichen werden, so ist das Resultat etwas ganz Erstaunliches:

Die beiden Zentrumszahlen ergeben zusammen als göttliche siebte Zahl **eine ganz bestimmte Gruppe von Zahlen, und zwar IMMER NUR die Gruppe der Körper- bzw. Umsetzungszahlen, also 3, 6 und 9**!

Dies wollen wir nun anhand der Beispiels-Hexagramme wie folgt anschauen, wobei die roten Zahlen das physische Dreieck und die blauen Zahlen das psychischen Dreieck markieren:

Die Körper-Zentrumszahl 3
in der St.John-Methode©

Die Dreiecke sind alle auf den 1. Geburtstag berechnet.

Geburtstag 01.08.1967:

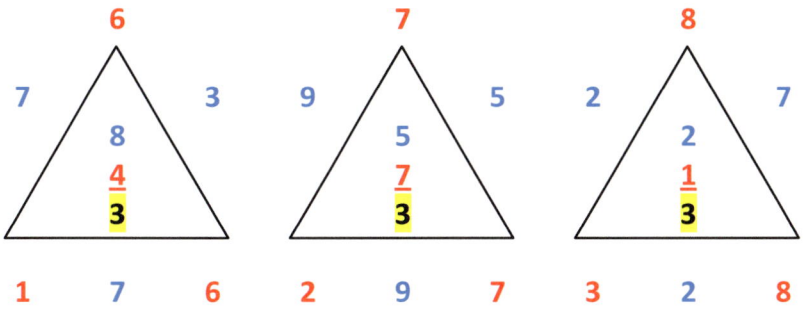

Geburtstag 02.07.1970:

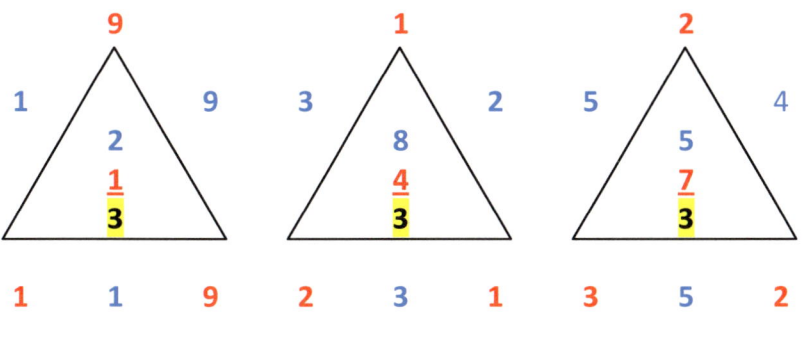

Geburtstag 11.06.2008:

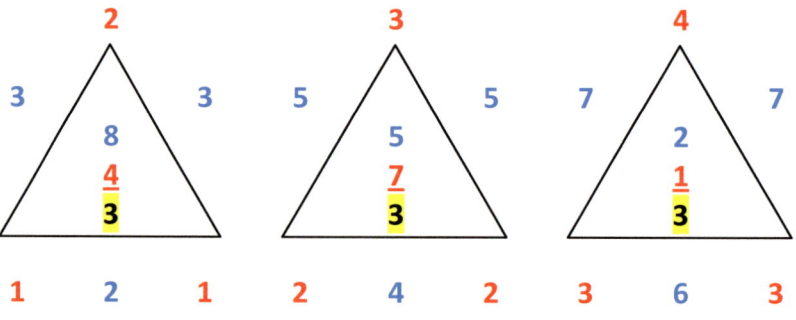

Geburtstag 29.11.1971:

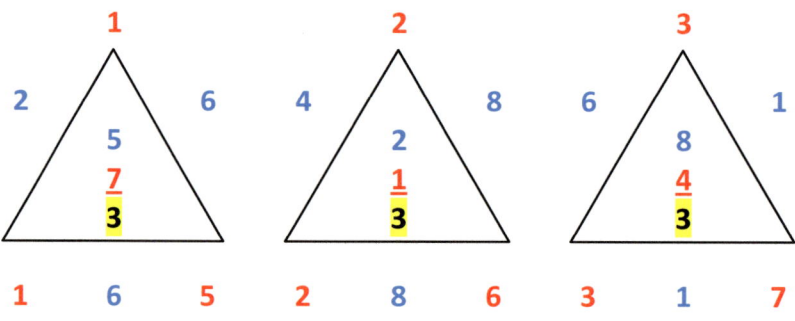

Geburtstag 13.08.1979:

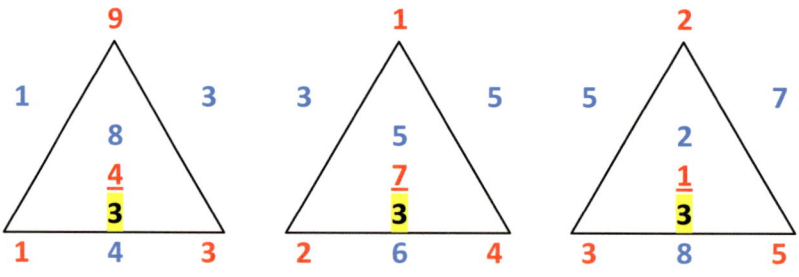

Geburtstag 01.05.1973:

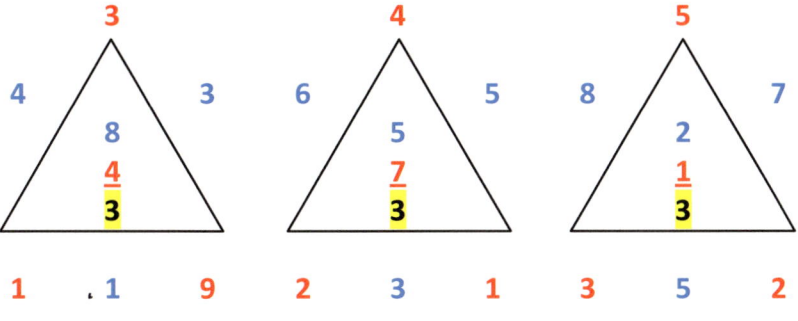

Geburtstag 28.08.1973:

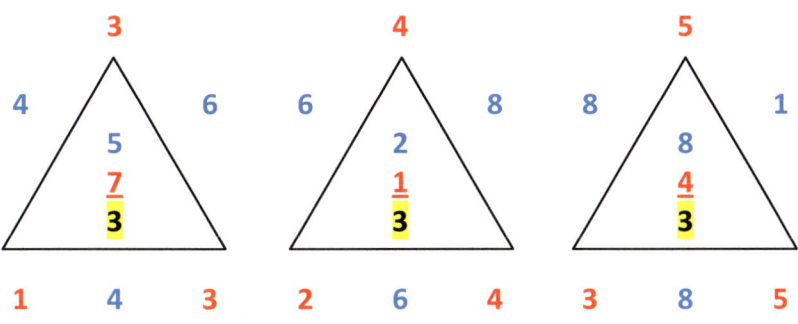

Geburtstag 26.05.2010:

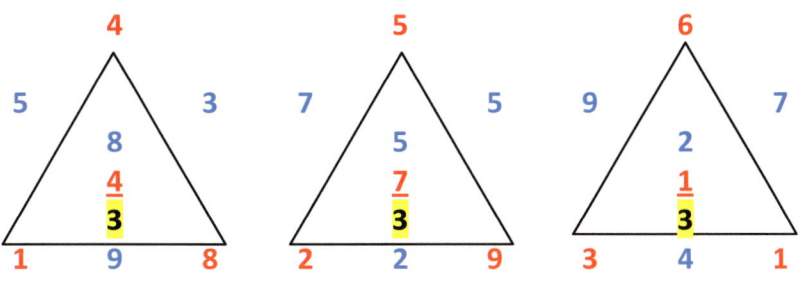

Geburtstag 19.04.1963:

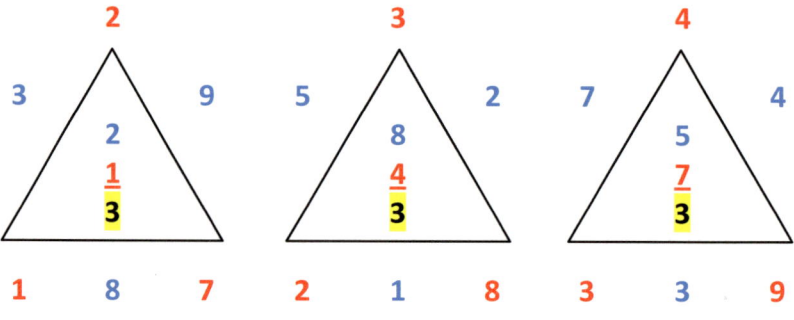

Geburtstag 24.11.1969:

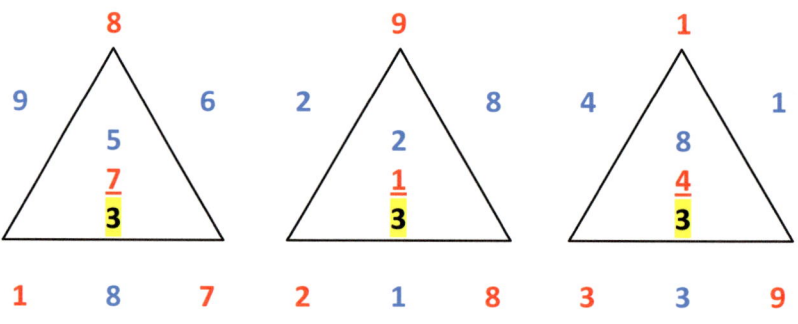

Geburtstag 21.07.1959:

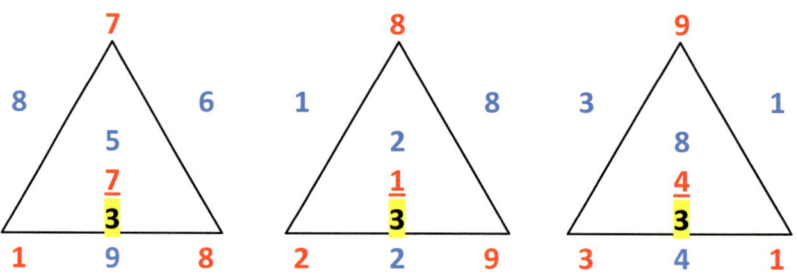

Geburtstag 10.07.1966:

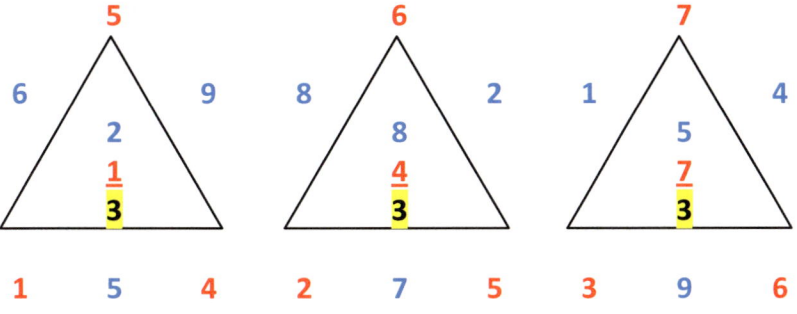

Geburtstag 29.05.1938:

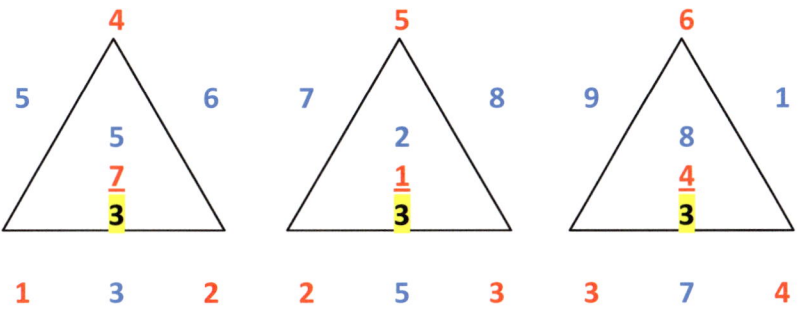

Die Körper-Zentrumszahl 6
in der St.John-Methode©

Die Dreiecke sind alle auf den 1. Geburtstag berechnet.

Geburtstag 14.02.1967:

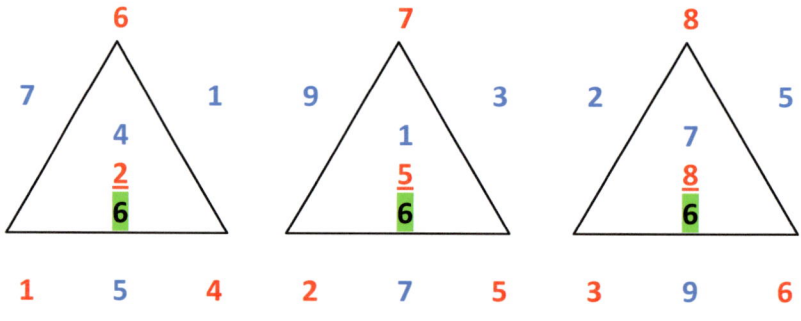

Geburtstag 11.09.1965:

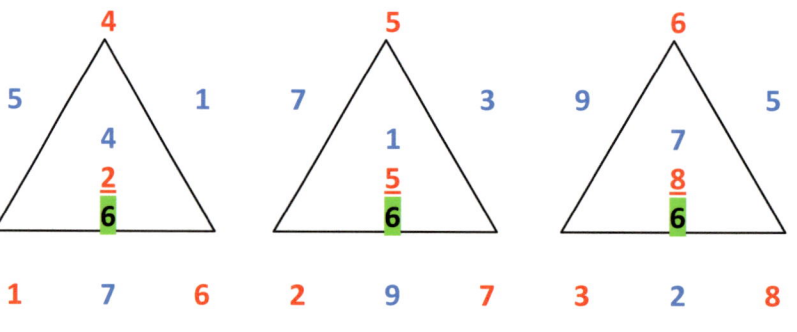

Geburtstag 08.04.1945:

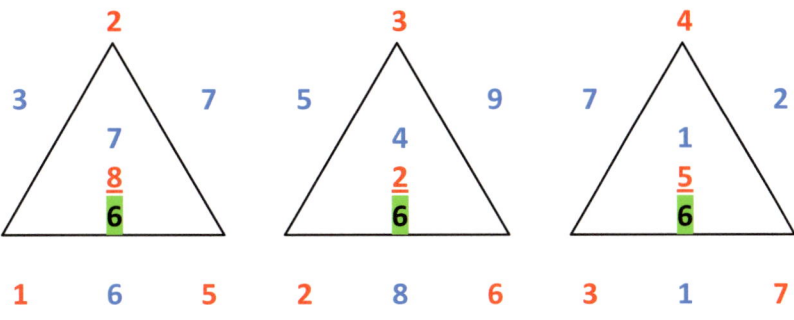

Geburtstag 18.06.2011:

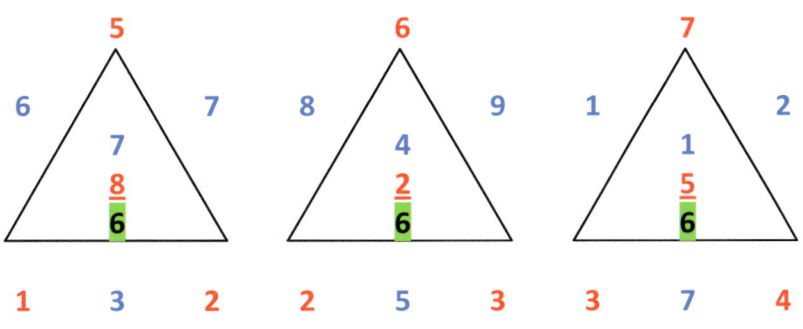

Geburtstag 08.02.1931:

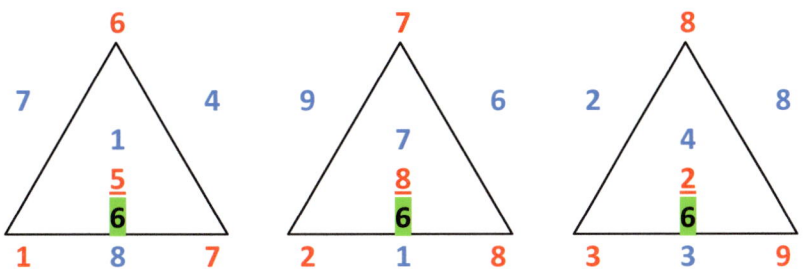

Geburtstag 18.05.2004:

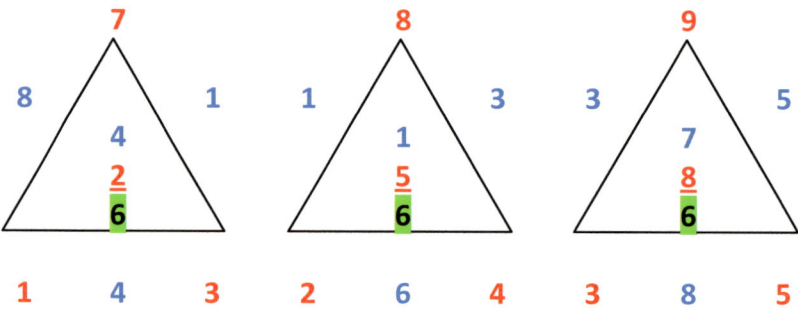

Geburtstag 18.10.1961:

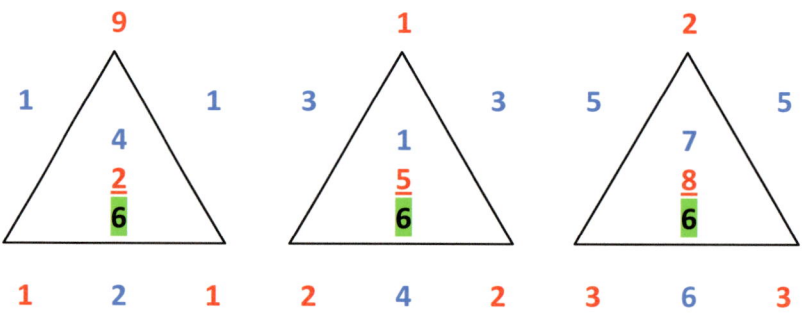

Geburtstag 16.11.1960:

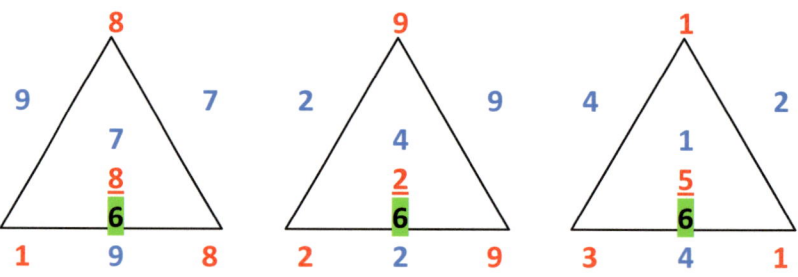

Geburtstag 29.03.1983:

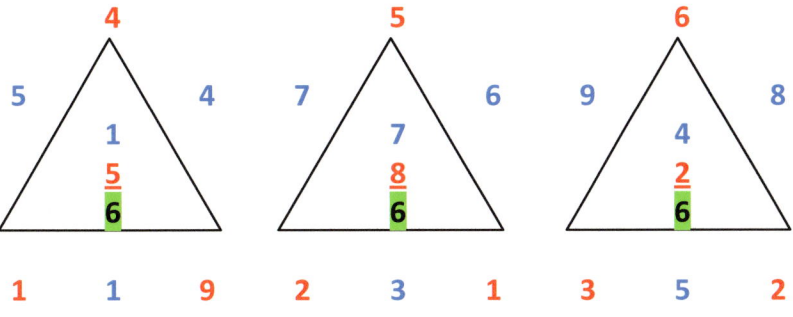

Geburtstag 28.08.1966:

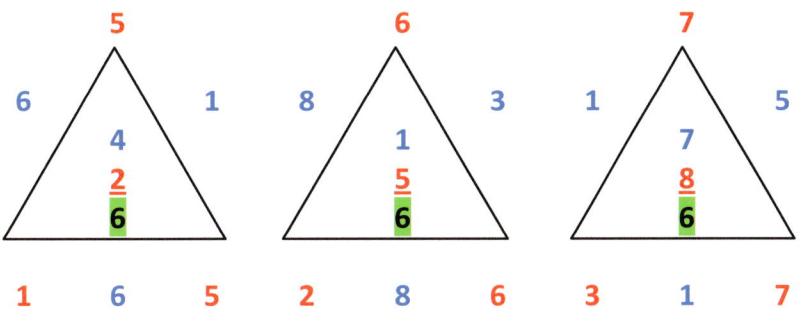

Geburtstag 09.01.2006:

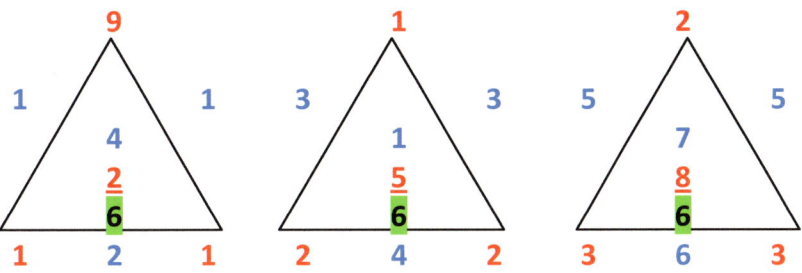

Geburtstag 01.07.1950:

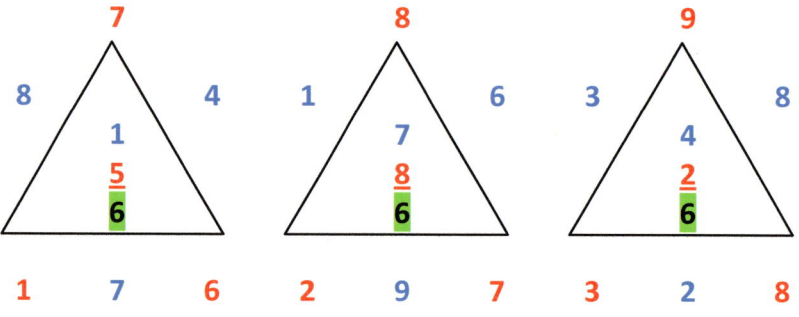

Geburtstag 13.07.2001:

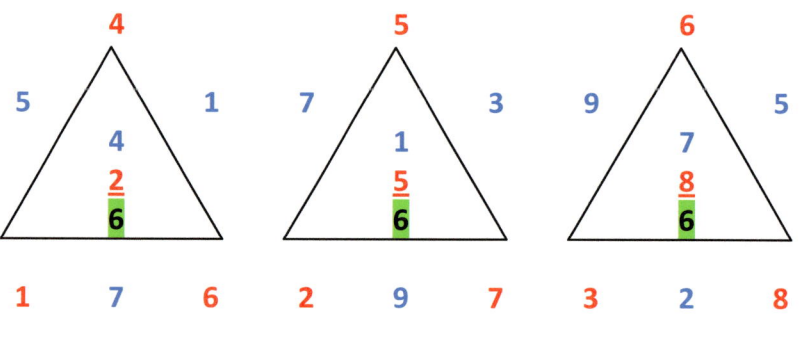

Die Körper-Zentrumszahl 9
in der St.John-Methode©

Die Dreiecke sind alle auf den 1. Geburtstag berechnet.

Geburtstag 25.03.1960:

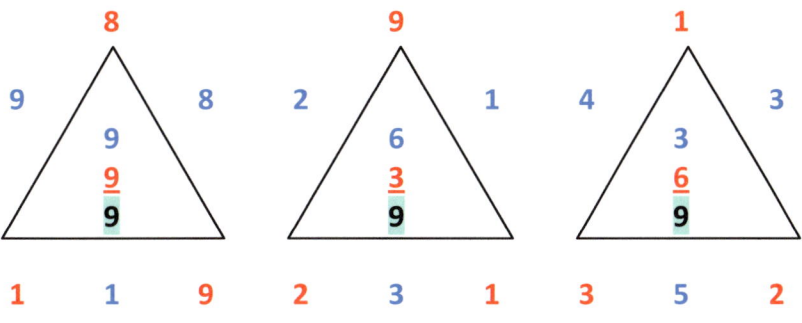

Geburtstag 15.12.1971:

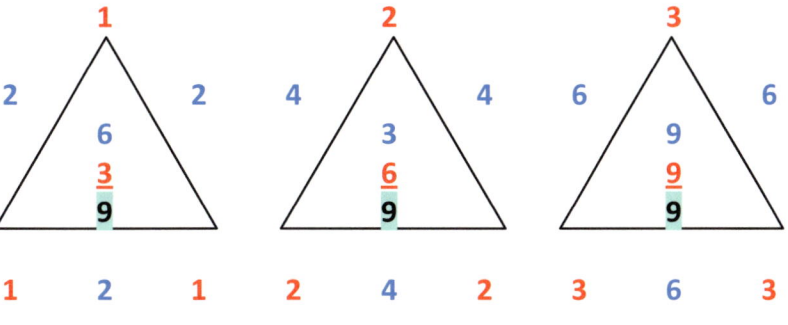

Geburtstag 06.04.1966:

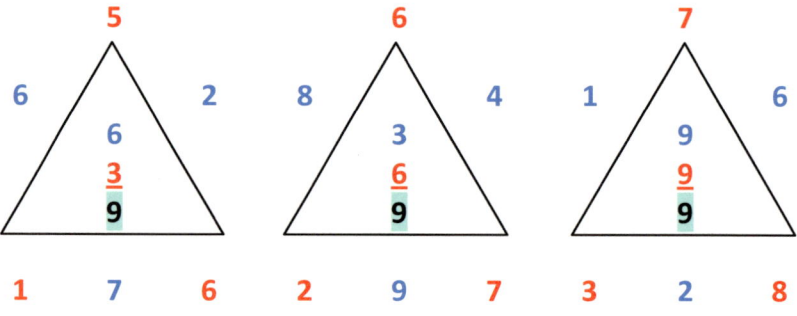

Geburtstag 02.11.1963:

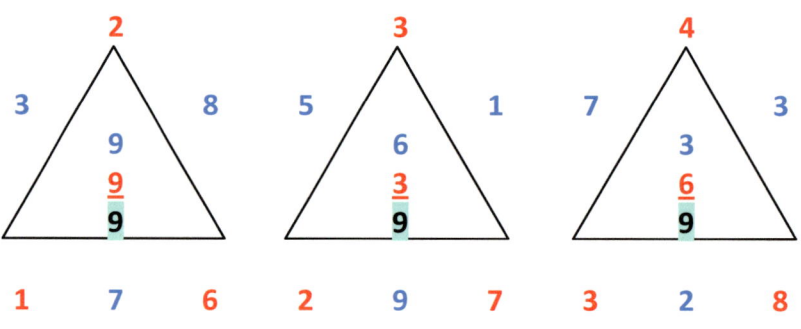

Geburtstag 24.03.1941:

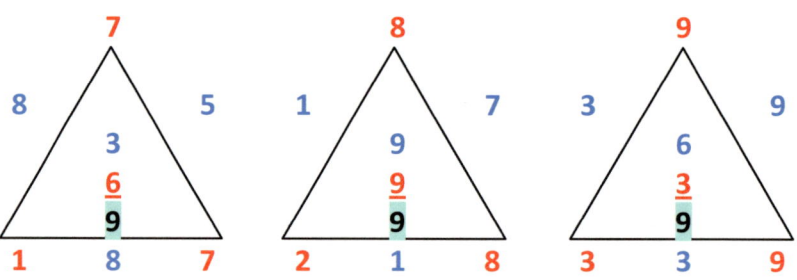

Geburtstag 05.08.1963:

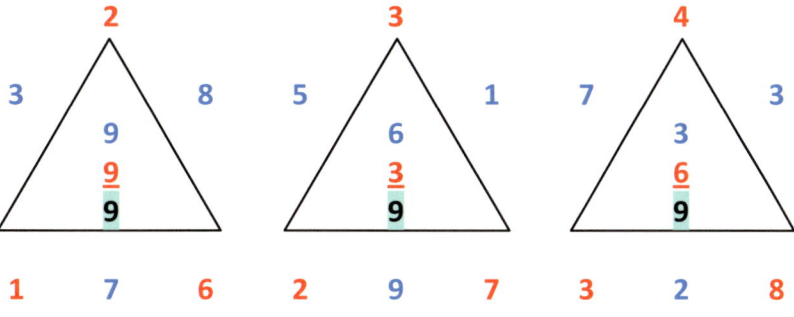

Geburtstag 09.03.1950:

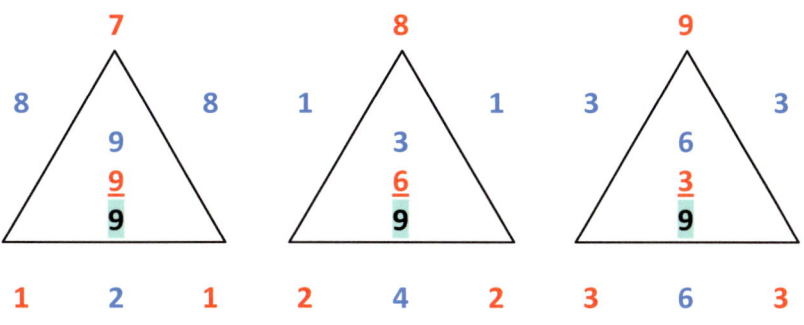

Geburtstag 05.12.1967:

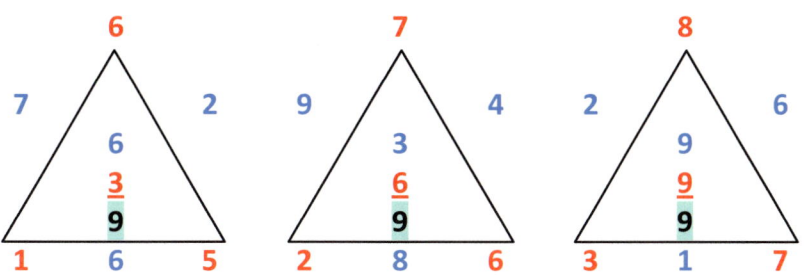

Geburtstag 13.02.1974:

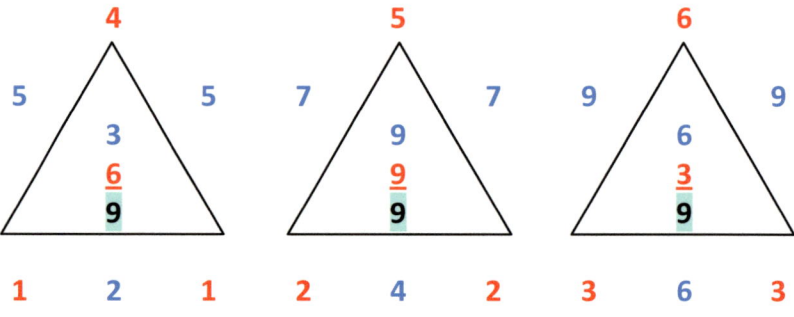

Geburtstag 22.12.2011:

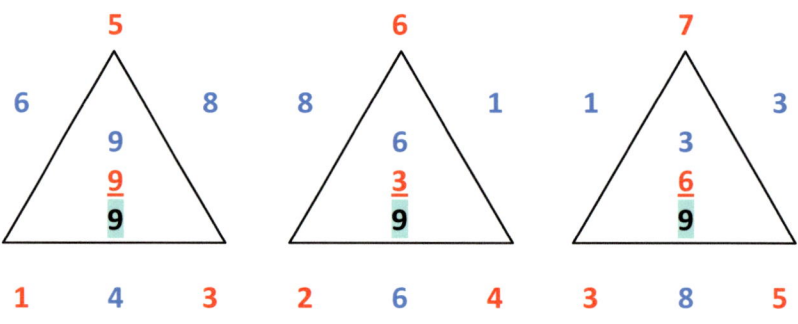

Geburtstag 01.12.2008:

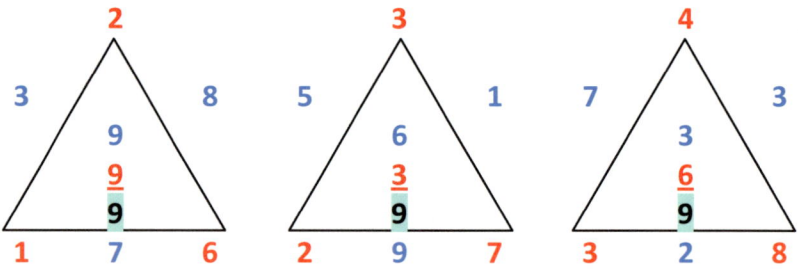

Geburtstag 01.07.1979:

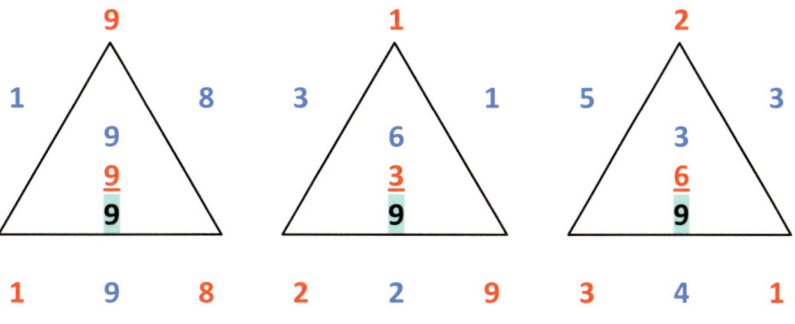

Geburtstag 01.07.1991:

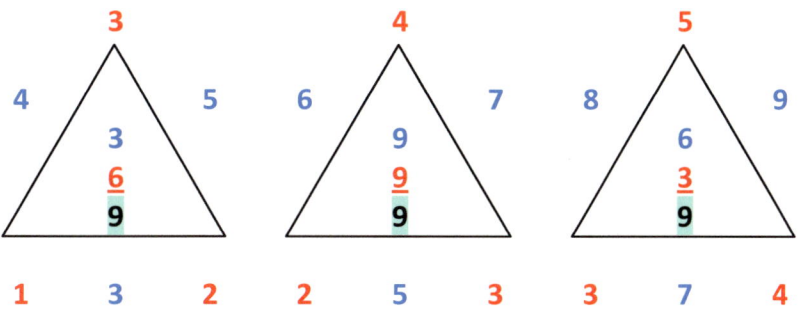

Diese einzelnen Körperzahlen – also 3, 6 und 9 – wollen wir nun in ihrer Bedeutung anschauen. Dazu sehen wir uns u.a. das hebräische Alphabet näher an:

Die allgemeine Bedeutung der Drei und im hebräischen Alphabet als Gimel
in der St.John-Methode©

- Steht an 3. Position im hebräischen Alphabet.
- Sein Zahlenwert ist 3 und stellt den Punkt des Beginnens selbst dar. Ein weiteres Wort dafür wäre „Anziehung".
- Die Zahl 3 steht u.a. für Tatkraft, Führerschaft, (männliche) Durchsetzung, Intellekt und ist die Zahl des Werdens.
- Stellt als 3. Tarotkarte die Herrscherin als Symbol der Fülle und des neuen Lebens dar; sie ist die Zahl der Lebenskraft.
- **Stellt einen Becher dar, der sich ergießt,** oder eine Pflanzenkapsel, die – sich öffnend – ihr Samenkorn fallen lässt.
- Die Hieroglyphe der Schlange, die sich in den Schwanz beißt – Ouroborus – Wahrzeichen der ewigen Schöpfung
- ER hat gesagt: dass das Licht sei, und das Licht war (1.Mos.1.3) = Blitz/Uranus.
- **Die göttliche Dreiheit ist Vater-Mutter-Liebe:** Der Vater wird von den Kabbalisten ABBA genannt, die Mutter IMMA; die Liebe hat keinen Namen, sie ist unaussprechbar. Aber man symbolisiert sie durch den heiligen Atem, den man Ruach-Elohim nennt, welcher der Heilige Geist der Christen ist.

- Die Hierarchie der himmlischen Geister hat drei Ordnungen.
- Das Licht besteht aus 3 Farben: Weiß, Blau und Rot.
- Die Tonleiter zeigt das gleiche Phänomen: sie setzt sich u. a. aus drei absoluten oder einfachen Tönen zusammen; die ursprüngliche Leier hatte nur drei Saiten.
- Es ist Vergangenheit, Gegenwart und Zukunft.
- Es ist das Mentale, Astrale und das Grobstoffliche.
- Es ist Geist, Seele und Körper.
- Dreieck, drittes Auge, Dreifaltigkeit und Trimurti, Sonne-Mond-Sterne, Schwefel-Salz-Quecksilber, drei Wünsche, Synthese, die Chimäre bestehend aus drei Tieren: Löwe, Ziege und Schlange
- Zahl der Intuition und der höchsten Erkenntnisse.
- Nach Alper die Fähigkeit in die Tiefe zu gehen, in sich und Situationen hinein zu sehen und zu hören und die Wahrheit zu erkennen, um dann diesen auf den Grund zu gehen.
- Die Fähigkeit, das Wissen mit anderen zu teilen und dann weiterzugeben sowie symbolisch rechtes Ohr, hören und verstehen (Alper).
- Ehe, Gemeinschaft, Aktivität, Fleiß.
- Nach Reichstein entspricht Gimel dem Tierkreiszeichen Waage und verkörpert Harmonie und inneres Gleichgewicht, Kunst, Schönheit und Diplomatie. Die Energie der Waage beherrscht die Nieren.

"Es gibt eine Legende die besagt, dass alle Seelen wieder und wieder kommen, damit sie immer höhere Stufen erreichen können: Eine Seele rollt durch die Generationen – die Wanderung der Seelen."
(Lawrence Kushner, Sefer Otijot)

Die allgemeine Bedeutung der Sechs und im hebräischen Alphabet als Waw
in der St.John-Methode©

- Steht an 6. Position im hebräischen Alphabet. Seine Wertigkeit ist einfach und sein Zahlenwert ist 6.
- Die Zahl 6 steht u.a. für Selbst-Liebe und Eigen-Dynamik und ist die Zahl der körperlichen Ausdruckskraft = Mars.
- Stellt als 6. Tarotkarte die Liebenden dar, also eine Verbindung der Gegensätze.
- Die Sechsheit, die Zahl des Antagonismus und des Kampfes, die Zahl der radikalen Neigung und der absoluten Freiheit.
- Die Regulierung der Sechsheit geschieht durch die konzentrische Vereinigung der beiden Dreiecke. Dann bleiben die sechs Winkel frei, aber die des einen Dreiecks in vollkommener Harmonie mit denen der anderen unter dem Einfluss des Mittelpunktes, welcher ist Gott – was das magische Schild/Siegel des Salomon vollständig erklärt (Davidstern).
- Das untere Dreieck stellt den Menschen (mit Körper, Seele und Geist) dar; das obere Dreieck weist auf die göttliche Kraft von oben hin.
- **Die Sechs „verbindet"** – mit dem "und" und wird durch einen Haken, Nagel oder eine Fixierung symbolisiert.
- Die **"kleine Liebe"** (Eros – **Philos** – Agape)
- Die Worte, die ICH zu Euch gesprochen habe, sind Geist und Leben (Joh. 6.63).

- Der Geist ist es, der lebendig macht. Das Fleisch hilft nichts (Joh. 6.63).
- Was aus dem Fleisch geboren ist, ist Fleisch; was aber aus dem Geist geboren ist, ist Geist (Joh.3.6).
- **Die Sechsheit ist vollständig** und ist mit all ihren Geheimnissen in dem Wort Bereschit enthalten.
- Die sechs Tage der Schöpfung erklären dieses Wort Buchstabe für Buchstabe; die sechs ersten Kapitel der Genesis (= 1. Buch Mose) vervollständigen diese Erklärung; die sechs Tage der Woche, **die sechs sekundären Planeten;** die sechs Engel, die Michael anführt, beziehen sich ebenfalls auf diese sechs Buchstaben.
- **6. Tag – Erde und Feuer antworten auf Luft und Wasser** und bringen ihre lebenden Tiere hervor; das Dreieck, welches der Spiegel desjenigen von Jehova ist, bildet sich in der Seele des Menschen, und Gott spricht zu ihm: Lasst uns den Menschen machen; denn der Mensch muss bei seiner eigentlichen Schöpfung mitwirken (1.Mos.1.26).
- Es ist der Bindestrich zwischen Himmel und Erde.
- Es ist **Sankt Michael,** der dem Teufel droht.
- Es ist Ödipus, der mit dem Sphinx streitet.
- Es ist Mithra, der den irdischen Stier erdolcht.
- Es ist als hieroglyphische Abkürzung das Schwert des Michael und der Dolch des Mithra.
- Es ist der magische Kopf des Sohar mit seinem Spiegelbild.
- Es sind die sechs Flügel der Cherubim des Jekeschiel (Jes.6.2), die sechs Weltalter der Kirche, **es ist die Zahl des Kampfes, der Arbeit, der Freiheit und der Liebe.**
- Sechs ist Tipheret, die Schönheit oder das absolute Ideal.
- Die Sechs ist die Frau, mit der Sonne bekleidet und den Mond unter ihren Füssen (Offb.12.1), die in Geburtswehen schreit (Offb.12.2).

- Die Sechs ist der Spiegel Gottes im Menschen und des Menschen in Gott (1.Kor.13.12).
- Die Sechs ist die Gnade und die Liebe im Reich der Siebenheit, aber ohne die Siebenheit; die Sechsheit ist der Aufstand und das Antichristentum.
- Hexagonale Formen haben die Bienenwabe und Schneekristalle; ein Würfel hat sechs Seiten.
- Nach Alper die rechte Niere: Filterfunktion; filtert Unreines aus dem System und unterscheidet. Auch Stierenergie: praktisch, willensstark, geschäftstüchtig, besitzergreifend.
- Nach Reichstein verkörpert Waw die Venus-Energie und dadurch die Empfindungen auf Liebe und Neigung ruhend, feine Gesinnung, Kunst, Sinn für Geld und Vergnügungen, Geselligkeit, Heiterkeit, geistig interessiert. Der Energie der Venus entsprechend die Venen, die Nieren, der Hals.
- Erdenergie und spirituelle Energie miteinander verbunden (Licht und Dunkel, Geistiges und Körperliches). Die Sechs ist die gegenseitige Anziehung von Himmel und Erde.
- 666: Es ist die Verbindung der materiellen Welt auf allen drei Ebenen.
- Sechs Sinne im Buddhismus und sechs Blütenblätter hat die Lilie, welche auch als Blume der Sechsheit gilt.

"Denn nur wer einmalig ist, kann verbunden werden. Und das ist die Leistung des WAW: Uns alle in einer Myriade von Konstellationen zu vereinen, wobei alle getrennt bleiben und jeder dem anderen verbunden ist."
(Lawrence Kushner, "Sefer Otijot")

Die allgemeine Bedeutung der Neun und im hebräischen Alphabet als Tet
in der St.John-Methode©

- Steht an der 9. Position im hebräischen Alphabet.
- Seine Wertigkeit ist einfach und der Zahlenwert ist 9.
- Nach Alper: Macht, Kreativität, Großzügigkeit, Organisation, Stärke und Selbstvertrauen, Schutz; linke Niere: die Wahrheit vor dem Handeln nicht festzulegen; linkes Ohr: hören! **Hören nach innen,** Fähigkeit zuzuhören und das Vertrauen in die eigene Intuition, in die eigene Wahrheit.
- Stellt als 9. Tarotkarte den Eremiten dar, ein Symbol für Rückzug und Abgeschiedenheit.
- Die Zahl 9 steht u.a. für Veränderung, Chaos, Trennung, Integrität, Flexibilität und für eine kosmische Transformation.
- Die vollständige Wahrheit – Symbol Rundsitz der Trinität: **Die Zahl 9 stellt die vollständige Wahrheit dar, die vollkommene Initiation,** und deshalb hat man sie als hieroglyphisches Zeichen der hohen intellektuellen und moralischen Macht an das Ende des päpstlichen Krummstabes und des Kreuzes unserer Bischöfe gesetzt.
- Die Zahl 9 stellt auch dar, was die katholischen Theologen mit Circum-Incessio der göttlichen Personen bezeichnen. Circum in cessio (etwa: im Rundsitz) – Eigentümlichkeit, umeinander und ineinander zu residieren ohne Vermischung der Ideen.

- **So sind der Vater und der Heilige Geist im Sohn und um den Sohn usw.;** in anderen bildlichen Worten: der Sohn trägt im Herzen den Vater und den Heiligen Geist und hüllt sich in sie ein wie in ein Kleid der Gnade und Gerechtigkeit. Bedenke man, um dies zu verstehen, dass der Sohn das Verbum oder das Wort ist, dass das Wort in sich den Sinn oder den Gedanken (den Vater) trägt, der zur Aktion oder zur Liebe (dem Heiligen Geist) führt, und dass dieses Wort sich einhüllt in eine Form analog demselben Gedanken und derselben Liebe.
- **Die Zahl neun stellt das theologische Dogma der Perichorese** (= meint das gegenseitige Durchdringen und Einwirken der drei göttlichen Personen in der Trinität und der zwei Naturen in Christus) **der drei göttlichen Personen dar.**
- Die vollständige Übereinstimmung zwischen Vernunft und Autorität; Widerstandskraft, Stabilität
- **Hologramm,** Spiegel/Spiegelung, Illusion
- "Ach du grüne Neune!", neun himmlische Sphären, neun Welten in der nordischen Mythologie, neun Monate einer Schwangerschaft
- Zahl der astralen Welt, Astralkörper.
- Zahl der Bewegung, Rhythmus, subtilen Lebensform
- Weisheit, Herzensbildung und –kultur, Lebenskünstler und –philosoph, **Liebe zur Wahrheit** gemäß Reichstein. Tet entspricht bei ihm dem Wassermann und dadurch dem Denken, der Freundschaft, der starken Neigung zur Einsamkeit und zu den Geheimwissenschaften, geduldig, nachdenkend, gute Konzentrationsfähigkeit, sehr gute Intuition, künstlerisch und literarisch, gute Rednergabe,

menschenfreundlich, frei und offen, fester Wille, unbeugsam. Der Energie entsprechend die Knöchel, Unterschenkel und Waden.
- Versinnbildlicht als Merkur einen der sieben alten Planeten und damit Rednertalent, Ausdruck, Sprache, Geschäftstüchtigkeit.
- Raphael ist der Engel des Merkur; daher wird er auch mit dem Stecken oder Augurenstab dargestellt, dem Fisch analog der doppelten Schlange und dem Hund, der Hieroglyphe des Hermanubis, dem treuen Bewahrer der Geheimnisse des Tempels. Raphael ist der Vermittler der rechtlichen Hochzeit, wie der Merkur der Griechen der Unterhändler der unreinen Liebschaften war. Er ist Arzt wie Hermes und Orpheus; **Raphael der Engel der heiligen Pforte (1Kön.7.21).**
- Norden: Rast und Ruhe und die Zeit, Dinge aufzunehmen und in die richtige Ordnung zu bringen.
Wahrheit, Glaube, Hoffnung, Optimismus, sonniges Gemüt gemäß Reichstein und dadurch Zuteilung des Tierkreiszeichens Zwillinge. Der Energie des Zwillings entsprechen das Intellekt, die Bewegung, die Unruhe, rasch, forschend und im Geist für alles interessiert, große Neigung zu allen Wissenschaften, zersplittert, anpassungsfähig, feinfühlig und empfindsam, vermittelnd. Ihnen unterstehen die Nerven, die Lunge, die Arme und die Hände.

"Und du wäschst die Besudelung von Dir ab, die Deine Seele verunreinigt. Dann wirst Du die Reinheit wiederfinden. Denn das TET ist rein und gut."
(Lawrence Kushner, Sefer Otijot")

Der Vergleich der Körperzahlen untereinander
in der St.John-Methode©

Der Vergleich der Körperzahlen sieht wie folgt aus:

3	6	9
Aktion, Beginn, Initiative, **Impuls, Aufbau**, Lebendigkeit, Antrieb, Schub, Wille zur Handlung Tat, **Fruchtbarkeit,** Anziehung	**Verbindung, "und",** Ideal, **Versuchung,** Bindestrich zwischen Himmel und Erde, Spiegel Gottes im Menschen und des Menschen in Gott, Schwingung, Kraft, **Herz**blut, Liebe	Initiation, **Hologramm,** Klugheit Weisheit, Wahrheit, Vielheit, **Vermittlung,** den Rahmen sprengen, Trennung
Empfängnis	Wachstum	Ausschüttung
Uranus: Lichtfunke, Explosion, **Urknall**	Mars: Wettkampf, **die treibende Kraft,** der Vater aller Dinge	Merkur: der Götterbote, Gott der Wege, die Relativität der Dinge, Hermestrismegistos, **Mittler zwischen den Welten**

Auferstehung "Es werde Licht!" Entelechie, **die Seele aus dem Astrallicht**	6 Schöpfungstage, 6 Posaunen leiten den Weltuntergang ein, **die unsterbliche Seele**	die 9 Feinde Ägyptens; **mit etwas "schwanger" sein;** der Tod Christi zur 9. Stunde, 9 himmlische Sphären, **der Engelmensch**
Zahl der höheren, neuen Einheit, **Zahl der Schöpfung** Zahlenwert 50	die vollkommene Zahl, **die Zahl der Einweihung durch Prüfung** (von Gut und Böse), Zahlenwert 80	Zahl der astralen Welt, **die Zahl der Eingeweihten,** Zahlenwert 200
Vater, Sohn und der Hl. Geist, Erzengel Gabriel (?) Maria / Johannes der Täufer	Sankt Michael – der ist wie Gott Saulus-Paulus	Erzengel Raphael – Heiler Gottes Petrus
Sefira Binah - **Intelligenz,** Vernunft, Shin-Ebene/Feuer	Sefira Tifereth - **Erkenntnis,** Herrlichkeit Gottes, **Herz des Himmels,** Aleph-Ebene/Luft	Sefira Jesod – **Urteilskraft, der Grund aller Kräfte Gottes** Mem-Ebene/Wasser
Kopf **Gehirn** **Ora**	**Herz** **Blut** **et**	**Genitalien** **Sperma** **Labora**

Daraus folgern wir:

- Mit der ==Drei== wird die Seele aus dem Astrallicht als göttliche Idee durch den Lichtfunken und die Worte "Es werde Licht!" im Urknall geboren.
- In ==sechs== Schöpfungstagen entsteht eine Verbindung zwischen dem Menschen und Gott. Mit Herzblut fällt die unsterbliche Seele – in Form gebracht – durch Prüfungen und Wiederholungen viele Entscheidungen zwischen Gut und Böse. Die treibende Kraft ist die Erkenntnis im Herzen.
- Mit der ==Neun== wird sie durch Weisheit, Klugheit, Urteilskraft und Wahrheit zur Eingeweihten und zur Vermittlerin zwischen den Welten und geht der Vollendung entgegen.

Mit diesen Körperzahlen als Zentrumszahlen zeichnet sich also der Weg aller Inkarnationen bis zur (schlussendlichen) Vollendung – der letzten Inkarnation – auf.

Die Essenz der Zentrumszahlen ist, wie schon einmal erwähnt, **eine neue, erweiterte Einheit: Das Zentrum des Selbst. Es ist die siebte Zahl - die göttliche Zahl** - als das Zentrum des Selbst. Auch diese Geist- bzw. Verstandeszahl wollen wir wie die Körperzahlen näher anschauen:

Die allgemeine Bedeutung der Sieben und im hebräischen Alphabet als Sajin
in der St.John-Methode©

- Steht an 7. Position im hebräischen Alphabet.
- Seine Wertigkeit ist einfach und sein Zahlenwert ist 7. Die Zahl 7 verbindet den Geist mit der Materie
- Stellt als 7. Tarotkarte den Wagen dar, ein Symbol für das Zukünftige.
- So ruht der Glaube auf der Gerechtigkeit und die Gerechtigkeit auf der Stärke; die Hoffnung auf der Mäßigkeit und die Mäßigkeit auf der Klugheit, und das alles, um der Nächstenliebe als doppelter Basis zu dienen. Die ist nichts anderes als das große Portal des inneren Tempels.
- Alles ist vier aus drei im Licht und im Leben. Der Kreis der vollkommenen Bewegung ist drei von vier oder vier von drei; dort ist die Quadratur des Kreises, dort ist auch der Stein der Philosophen, dargestellt in der Symbolik der Freimaurer durch den kubischen Stein, bestehend aus sechs Quadraten und vier Dreiecken.
- Es gibt sieben Engel, die sich vor dem Angesicht Gottes aufhalten, sagt die Schrift (Offb.8.2).
- Es gibt sieben Wochentage, sieben alte Planeten, sieben heilige Bäume, die sieben Todsünden, sieben Tugenden, **Gott ruhte am 7. Tag.**

- Die Sichel ist das Symbol, analog der Sense des Saturns, dargestellt durch unsere Zahl sieben, weil in der Symbolik **die Zahl sieben die absolute Figur der Zeit** ist.
- Harmonie, Wachstum, Fortpflanzung, Fruchtbarkeit, Liebe, Schönheit, Ausgeglichenheit und **Reinheit.**
- Selektion, Vielfalt, vervielfältigen: **das Prinzip der Aufspaltung der Einheit.**
- Die sieben **wird auch als heilige Zahl bezeichnet.**
- Eine Tendenz zum Träumen.
- Sieg, Ziele, Wille zur Gerechtigkeit und entspricht gemäß Reichstein der Energie des Schützen – er ist das Zeichen der Umwandlung zum Höheren. Die Energie des Schützen ist ehrenhaft, unbestechlich, aufrichtig, gerecht, mitteilungsbedürftig, wohltätig, edel. Diese Energie kämpft für die Ideen und für andere Menschen und setzt sich für Gerechtigkeit ein. Diese Energie entspricht der Hüfte, der Lunge und der Nerven, dem Hals, den Augen und der Ohren. Zur Anregung Rotgelb und zur Beruhigung Purpurrot.

"Und SAJIN ist der Samen – der Samen, den der Mensch für die Zukunft pflanzt. Gedenke, Du bist ein Samen, der für eine andere Zukunft gepflanzt wurde ..."
(Lawrence Kushner, "Sefer Otijot")

Daraus können wir folgern, dass
- die Seele, nachdem sie die verschiedenen Körperzahlen-Stadien 3, 6 und 9 „durch-erlebt" hat, zuletzt in Vollkommenheit zu Gott zurückkehrt.

Ein Vergleich der Zahlen 3, 6 und 9 in der Astrologie
der St.John-Methode©

Nun wollen wir diese Zentrumszahlen noch mit der Thematik der Astrologie vergleichen, denn die Vergleiche sind sehr spannend.

Die Bedeutung der Zahl 3 als Tierkreiszeichen und als Haus

Das **Tierkreiszeichen Zwillinge**, bewegliches Luft-Zeichen, die Welt der vielen Möglichkeiten, das Lebensfeld der Ich-Beweglichkeit, Entwicklungweg des „Dazulernens", **Motto: „Ich denke und handle":**

Der Zwilling kann sich als Luftikus sofort in jede mögliche Strömung einordnen, sich damit identifizieren und mir ihr lebhaft, vielseitig und oberflächlich spielen.

Das 3. Haus zeigt u.a. das Denken an und wie man es ausdrücken kann. Und je mehr man denkt oder Gedanken austauscht, desto mehr geistige Fähigkeiten können zur Entwicklung gelangen.

Die Bedeutung der Zahl 6
als Tierkreiszeichen und als Haus

Das **Tierkreiszeichen Jungfrau**, bewegliches Erd-Zeichen, die Welt des Realen und des Fassbaren, das Lebensfeld der Existenzverteidigung, Entwicklungsweg des Bewährens bei Anforderung und in unvorhergesehenen Situationen, **Motto: „Ich prüfe":**

Die Jungfrau wird zum aktiven Mitarbeiter, um die gestellten Aufgaben bewältigen zu können und sie prüft kritisch, was nützlich und notwendig ist. Alles wird nach diesem Gesichtspunkt bewertet, ob es einen Vorteil hat oder ein Schaden entstehen kann.

Das 6. Haus zeigt u.a. die Gesundheit und die Arbeit an. Hier geht es um das Erfüllen der Pflicht für Arbeit und Aufgabe und um das Sehen von Notwendigkeiten und Nützlichkeiten durch nüchternes Betrachten der Dinge. Dies wird durch Sorgfalt, Ordnungssinn, Unterscheidung und Korrektheit erreicht.

Die Bedeutung der Zahl 9
als Tierkreiszeichen und als Haus

Das **Tierkreiszeichen Schütze**, bewegliches Feuer-Zeichen, die Welt des Drangs nach Erweiterung, Lebensfeld der Horizonterweiterung, Entwicklungsweg des Integrierens des Schattens, **Motto „ Ich verinnerliche":**

Der Schütze hat ein Verlangen nach der wahren Erkenntnis und er wird zu vielen Zielen getrieben, welche seiner persönlichen Entwicklung dienen sollen.

Im 9. Haus zeigt sich die Einstellung des Geistes durch Erweiterung und das Ausmaß der geistigen Funktionen wie z.Bsp. die Vorstellungen, das Gedächtnis, die Einstellung; alle Funktionen des Geistes gehören hierhin. Dies wird durch Verinnerlichung, durch Denken und Träumen und durch Planen und Streben und zur Religion erreicht.

Wie wir sehen, geht es also auch hier

- mit der Zahl 3 zuerst um die Entwicklung durch ein Dazulernen.
- Mit der Zahl 6 wird dann kritisch geprüft und entschieden, wie die „Reise" weitergehen soll
- und schließlich wird die Entwicklung mit der Zahl 9 durch Integrieren des Schattens abgeschlossen.

Eines haben diese Zeichen gemeinsam: Sie alle sind bewegliche Zeichen. Und durch diese beweglichen Zeichen wird das ICH durch die Umwelt bewegt und der Mensch ist dazu das Objekt seiner Umwelt.

Mit anderen Worten: **Nur durch diese beweglichen Zeichen hat der Geborene in seinen verschiedenen Inkarnationen** (und durch die dementsprechend aktuelle Umwelt) **die Möglichkeit zur Weiterentwicklung bis zur Vollendung.** Dazu gehört aber nun auch das schon erwähnte Zentrum des Selbst – die göttliche Zahl sieben; auch diese wollen wir uns nun astrologisch anschauen:

Die Astrologie und die Zahl 7
in der St.John-Methode©

Die Bedeutung der Zahl 7
als Tierkreiszeichen und als Haus

Wer nun als Kenner der Materie denkt, die 7. Zahl sei wohl das Tierkreiszeichen Waage, den enttäusche ich. Wie schon erwähnt, hat der Geborene nur durch die beweglichen Zeichen die Möglichkeit, die Vollendung durch Weiterentwicklung zu erreichen; und dieses vierte bewegliche Zeichen ist das Wasserzeichen Fische:

Das **Tierkreiszeichen Fische**, bewegliches Wasser-Zeichen, die Welt des seelischen Reichtums, das Lebensfeld des Eins-Seins, Entwicklungsweg des Bewusstseins und der Selbstfindung, **Motto „Ich glaube"**:

Alles was in die Seele eindringt nehmen die Fische chamäleonhaft auf; sie werden so zum Spielball von Gefühlen, Stimmungen und sonstigem psychischen Regungen. Durch ihre hohe Sensibilität schwingen sie sich in Freude und Leid der Welt ein und opfern sich auf. Ihr seelischer Reichtum liegt jenseits der wirklichen Welt und löst sich dadurch von der Materie. Durch die Kräfte des Fischezeichens kann die Seele alles verinnerlichen und vertiefen und sich dadurch seelisch bereichern. Sie ist wie ein Samen, der in der Abgeschlossenheit aufquillt und wieder neues Leben hervorbringt.

Im 12. Haus herrscht seelische Einkehr; Gebet, Meditation, Innenschau wie auch Mystik, Chaos und Unsterblichkeit gehören zum „All-Eins-Sein". **Hier opfert und verzeiht die Seele und hier leidet sie mit.** Hier zeigt sie nebst dem Dienst am Nächsten und der Menschenliebe eine große Sehnsucht – auch nach Flucht; die Flucht aus Alltag und Hektik. Im Alleinsein, in der heilbringenden Abgeschiedenheit, sammelt die Seele neue Kräfte und bündelt sie, um dann in einem neuen Lichtfunken - als Seele aus dem Astrallicht - mit den Worten „Es werde Licht!" aufzuerstehen!

Ein Vergleich der Zentrumszahlen 3, 6 und 9 und der Zahl 7 selbst als 7. Zahl im Zentrum des Salomon-Siegels
in der St.John-Methode©

Wir können also nun zu den Zentrumszahlen 3, 6 und 9, der 7. Zahl im Zentrum des Salomonssiegels, wo es um Entwicklung, Unterscheidung und Beendigung geht, die Zahl 7 selbst als eben DIE 7. Zahl hinzufügen, wo und durch welche die Seele in die All-Einheit zurückkehrt.

Diese Zahlen stellen aber in der Astrologie mit den Tierkreiszeichen Zwillinge, Jungfrau, Schütze und Fische auch das „Große Kreuz der veränderlichen Zeichen" dar. Ein Großes Kreuz besteht, wenn zwei Tierkreiszeichen in Opposition zueinander stehen und diese zueinander Quadrate bilden. So bilden zum Beispiel die Zwillinge eine Opposition mit dem Schützen und dasselbe die Jungfrau mit den Fischen. Das sieht dann wie folgt aus:

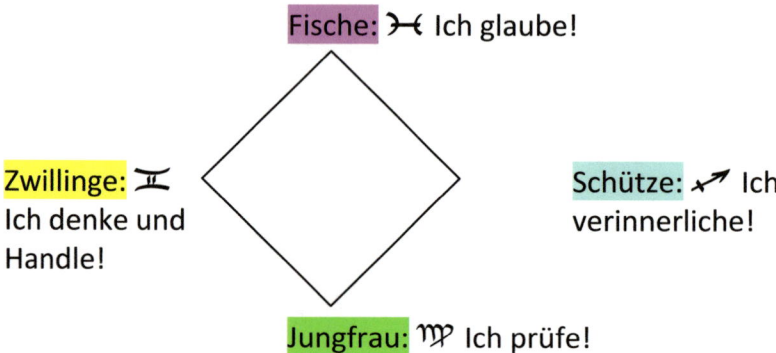

Diese Oppositionen sind auch Achsen. Wenn man dieses Bild betrachtet, so sieht man, dass die Zwillinge und der Schütze astrologisch betrachtet die ICH-DU-Achse, die Beziehungsachse, darstellen. Dasselbe zwischen Jungfrau und den Fischen: Sie zeigen die Achse der Vergangenheit – WO komme ich her? - und der Zukunft – WOHIN gehe ich? – auf.

Interessant ist ebenfalls, dass die beiden Tierkreiszeichen Zwillinge und Fische androgyn bzw. ambivalent sind, da sie zwei Pole in sich vereinen. Das Tierkreiszeichen Zwillinge zeigt sich in seinem Symbol ♊ als „doppelte Persönlichkeit" und vereint in sich das Männliche und das Weibliche, das abgebende und das empfangende Prinzip. Das Tierkreiszeichen Fische steht mit der abnehmenden und der zunehmenden Mondsichel in seinem Symbol ♓ für die Verbindung von verschiedenen Seeleninhalten: der eine Halbbogen für den Inhalt der Seele in der jetzigen Inkarnation und der andere für das, was der Seele in der nächsten Inkarnation als Erfahrungen zur Verfügung stehen wird.

Aber ebenfalls genau so interessant ist, dass die beiden androgynen bzw. ambivalenten Tierkreiszeichen, das Zwillingsprinzip mit der Zahl 3 und das Fischeprinzip mit der Zahl 7, einerseits für den Eintritt in die Inkarnation und andererseits für die seelische Einkehr, Rückkehr, stehen! Und nicht nur das: Sie könnten vielleicht auch für die Schaltpunkte „männlich oder weiblich" oder „neutral" stehen! Will heißen, dass im sogenannten „Schaltpunkt" 3/Zwillinge, wo in die Inkarnation eingetreten wird, irgendwie entschieden wird, ob die Inkarnation männlich oder weiblich sein wird. Will ebenfalls heißen, dass im sogenannten „Schaltpunkt" 7/Fische, die Seele wieder in die All-Einheit, in die „Neutralität", in die All-Seele, zurückkehrt. Denn, mit der Zahl 3 tritt die Inkarnation mit dem ICH in Erscheinung und kehrt in der ZUKUNFT mit der Zahl 7 wieder in die Einheit zurück! Dies sieht dann wie folgt aus:

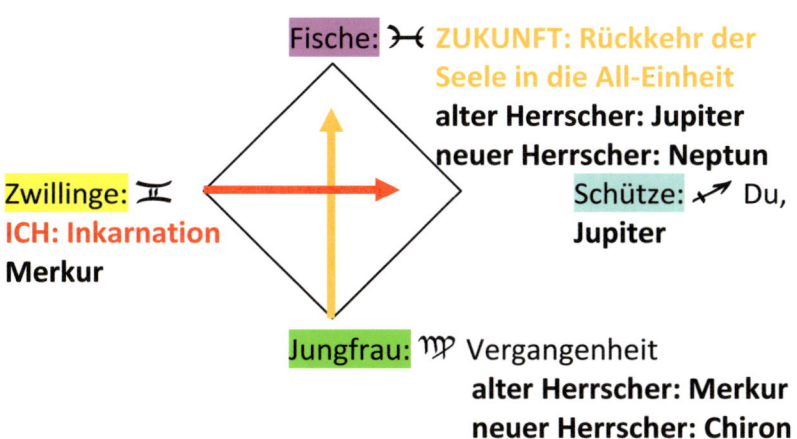

Daraus folgern wir:

Das ICH tritt mit der Zahl 3 (Merkur) in die – weibliche oder männliche – Inkarnation mit dem Drang nach Horizonterweiterung und Erkenntnis, Zahl 9 (Jupiter), und dies wird **mit den Weg der Erkenntnis durch das Du dargestellt** und kann auch nur durch dieses „sich auf etwas beziehen oder einlassen" erreicht werden!

Die ZUKUNFT mit der Zahl 7 (alt: Jupiter, neu: Neptun) wird immer erreicht; es stellt sich nur die Frage WIE (alt: Merkur, neu: Chiron)? Denn die **Entscheidungen in der Realität der Vergangenheit beeinflussen die ZUKUNFT** bzw. wie die Seele die Inkarnation abschließen wird und was sie in der ZUKUNFT in einer weiteren Inkarnation noch zu lernen hat oder eben nicht.

Das könnte vielleicht heißen, dass mit der Zahl 7 (Neptun), repräsentiert durch die All-Einheit, entschieden wird, welchen Weg die Seele in einer weiteren Inkarnation nehmen wird. Wird sie das nächste Mal auf der Ebene der 3, der 6 oder der 9 erscheinen? Eines ist für mich selbst sicher: Sobald die Seelen-Vollendung erreicht ist und alle „360° des Kreises" u/o alle Facetten der 3er-, 6er und 9er-Ebene abgedeckt bzw. erlebt und bearbeitet wurden, dann wird die Seele für immer in die All-Einheit, ins Nichts, eingehen.

Dem Astrologen wird wahrscheinlich schon aufgefallen sein, dass die beiden Achsen im Anfang jeweils durch Merkur und am Ende durch Jupiter dargestellt sind. Das kommt nicht von ungefähr, denn Merkur stellt – rudimentär – das „niedere Bewusstsein" und Jupiter das „höhere Bewusstsein" dar.

Anders formuliert und Eve Jackson in ihrem Buch „Jupiter" zitierend, ist Merkur „der Gott der Strassenkreuzungen" und mit der Entscheidung beschäftigt, in welche Richtung er weitergehen will … und Jupiter ist „der Gott des Weges" selbst, welcher sich um die Reise kümmert und um die sich bietenden Möglichkeiten. Der Planet Jupiter ist die Erhöhung von Merkur!

Ich möchte noch einen weiteren Punkt aufführen, und zwar den der Elementen-Zuordnung. Die Elemente stellen Energie- und Bewusstseins-Grundformen dar; zusammen ergeben sie die „Quadratur des Elementen-Kreises". Dies würde dann auf unser Bild-Beispiel bezogen wie folgt aussehen:

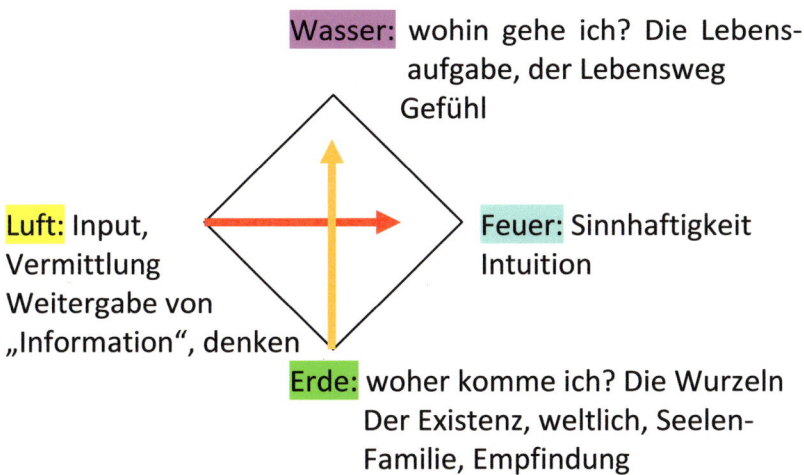

Wasser: wohin gehe ich? Die Lebensaufgabe, der Lebensweg
Gefühl

Luft: Input, Vermittlung Weitergabe von „Information", denken

Feuer: Sinnhaftigkeit
Intuition

Erde: woher komme ich? Die Wurzeln
Der Existenz, weltlich, Seelen-Familie, Empfindung

Auch hier sehen wir, **dass die Weitergabe von Informationen einen Sinn haben muss (Luft-Feuer-Achse)** und, **dass die Seelen-Familie, aus der man kommt, die Lebensaufgabe**

und den Lebensweg beeinflussen (Erde-Wasser-Achse).

Dem Astrologen fällt hier auf, dass die Luft-Feuer-Achse eine männliche Achse ist, da diese beiden Elemente männlich sind. Dasselbe mit der weiblichen Erde-Wasser-Achse: diese beiden Element sind weiblich.

Darum möchte ich nochmals kurz auf mein Buch „karmisch-astrologische Numerologie" zurückkommen. Auf Seite 107 wurde darin erwähnt, dass alles Physisch-Materielle nur der Mutter-Körper liefert und nur das männliche Geschlecht den Anstoß gibt, damit Eigenschaften VERAENDERT werden können (denn Chockmah/ABBA emaniert in BINAH/Amma). Will also heißen, dass nur die männliche Luft-Feuer-Achse, repräsentiert durch die Zahlen 3 und 9, die Eigenschaften – also die sinnvolle Weitergabe von Informationen – verändern kann und die weibliche Erde-Wasser-Achse „nur" den Mutter-Körper - das Vehikel - dazu liefert!

Als letztes möchte ich noch folgende Überlieferung des hebräischen „Aleph-Beth" in einem Bild wie folgt darstellen:

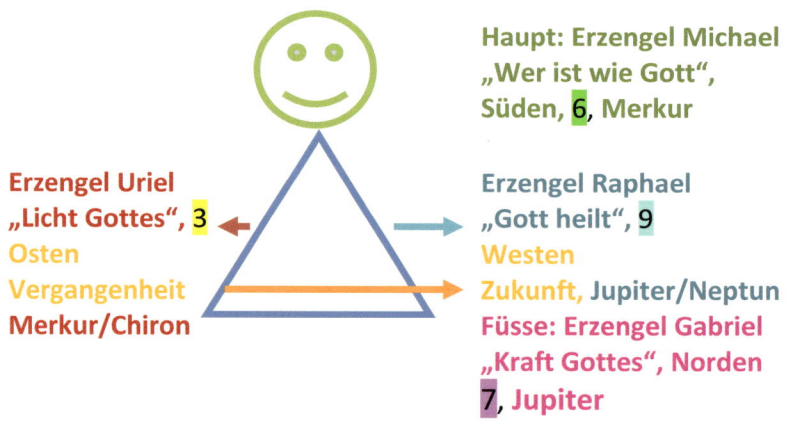

Der Weg des Menschen in der Zeit – von Osten nach Westen, von der Vergangenheit in die Zukunft.

Man beachte, dass damals das „Licht Gottes" durch die Geburt von Jesus dem Christus im Osten initiiert bzw. gebracht wurde und in der Zukunft der Westen „durch /in Gott geheilt" werden soll.

Füsse: Die Schlange beißt den Menschen in die (Achilles-) Ferse - das ist der verletzlichste Punkt des Menschen – denn dort im Irdischen/Materiellen/Realen hat der Mensch die Wahl, die Alternative und die Versuchung. Wird der Mensch den Weg zu Gott wählen oder sich mit der Schlange einlassen? Hier wären Gebote wie auch Verbote (Jupiter) Leitplanken dafür.

Haupt: Der Verbindungs-Haken, die Brücke zwischen Himmel und Erde, das Zeichen des Bündnisses (Merkur): der auferstandene Mensch.

Osten: Gimel, das Kamel, wiederkäuend: der Frager in der Welt. Jakob, der Dritte der Väter war Zwilling; der 3. Tag der Schöpfung mit den zwei Schöpfungstaten: die Verbindung von innen und außen … das eine Leben mit dem anderen …

Westen: Teth, die Gebärmutter mit dem Embryo: doppelt, Zweiheit (Mutter und Kind); das Erscheinende und das Unsichtbare, Verborgene, Geheimnis oder „Grab": der Körper wird ins Grab gelegt wie der Same in der Gebärmutter; mit Tränen in die Erde und mit Jubel wird dann geerntet (7): die Geburt des Geheimnisses: Was wird es sein?

Die einzelnen Zahlen der Zentrumszahl 3

Auch die einzelnen Zahlen der Zentrumszahlen sind eine Betrachtung wert. Diese einzelnen Zahlen bestehen aus der der Quersumme des physischen Dreiecks und aus der Quersumme des psychischen Dreiecks.

Bei einer Zentrumszahl 3 sind die Quersummen des physischen Dreiecks IMMER 1, 4 und 7 – also geistige Zahlen – und die Quersummen des psychischen Dreiecks IMMER 2, 5 und 8, also seelische Zahlen. Dies sehen wir aus untenstehendem Beispiel:

Geburtstag 02.07.1970:

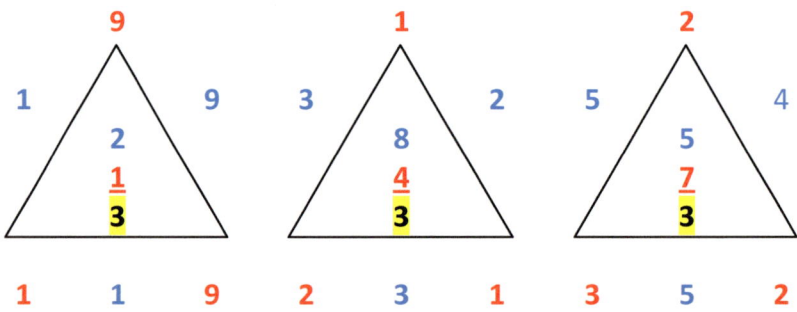

Hierbei setzt sich das erste Dreieck 2/1 aus der geistigen Seelenzahl und der geistigen Geistzahl zusammen (siehe in meinem Buch „karmisch-astrologische Numerologie, Seite 38).

Das zweite Dreieck 8/4 setzt sich aus der körperlichen Seelenzahl und der seelischen Geistzahl und das dritte Dreieck 5/7 aus der seelischen Seelenzahl und der körperlichen Geistzahl zusammen. Dies lässt sich auf wie folgt darstellen:

1. Dreieck: 2 geistige Seelenzahl   Verstand mit Gefühl
             1 geistige Geistzahl   totaler Verstand

2. Dreieck: 8 körperliche Seelenzahl   Umsetzung mit Gefühl
             4 seelische Geistzahl   Verstand mit Gefühl

3. Dreieck: 5 seelische Seelenzahl   totales Gefühl
             7 körperliche Geistzahl   Umsetzung mit Verstand

Im untenstehenden Numeroskop (Geistbild) wäre das erste Dreieck 2/1 auf der Luft-Ebene, also Intuition/Denken und Wille/Beginn, das zweite Dreieck 8/4 auf der Wasser-Ebene, also Gefühl/Sensibilität und Manifestation/Objektivität und das dritte Dreieck 5/7 auf der Erd-Ebene, also Vitalität, Kreativität und Vertrauen. Man kann auch sagen, dass es hier die **„horizontalen" Ebenen** sind, die hier vom Geist aus zur Erde „durchgearbeitet" werden.

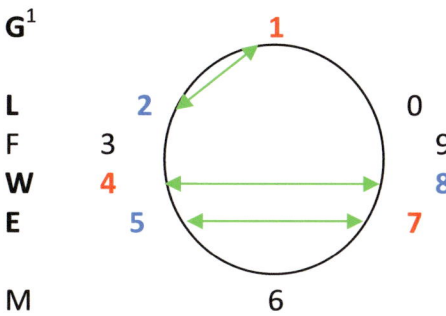

Aber vor allem geht es um die Verbindung von Seele und Geist bzw. Gefühl und Verstand.

Nach Alper würde dies mit den Planeten wie folgt aussehen:

1. Dreieck:	2 Neptun	Fantasie, Denken, Erkenntnis, Intuition
Kopf	1 Pluto	Individualität, Wille, Eingebung
2. Dreieck:	8 Venus	Emotionen, Ästhetik, Harmonie
Bauch	4 Saturn	Realität, Fixierung, Statik
3. Dreieck:	5 Jupiter	Glaube, Organisation, Entgrenzung
Füsse	7 Sonne	Vertrauen, Geist und Materie

In der spirituellen Numerologie sind die Verbindungen des zweiten und des dritten Dreiecks, also 8/4 und 5/7, übrigens sogenannte Ebenen.

Die einzelnen Zahlen der Zentrumszahl 6

Bei einer Zentrumszahl 6 sind die Quersummen des physischen Dreiecks IMMER 2, 5 und 8 – also seelische Zahlen – und die Quersummen des psychischen Dreiecks IMMER 1, 4 und 7, also geistige Zahlen. Dies sehen wir aus untenstehendem Beispiel:

1 Das „G" steht für den Geist. „L", „F", „W" und „E" stehen für die Elemente Luft, Feuer, Wasser und Erde. Das „M" wiederum steht für alles Materielle inkl. den Körper.

Geburtstag 18.10.1961:

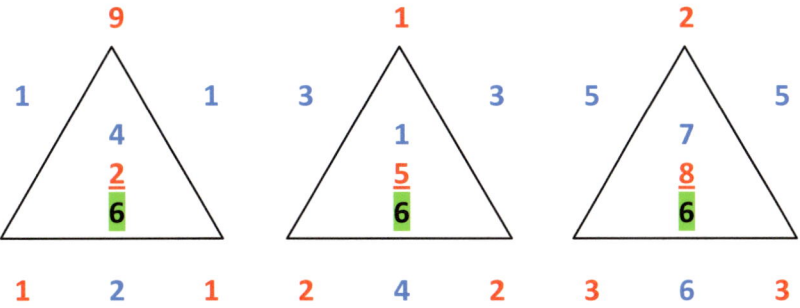

Hierbei setzt sich das erste Dreieck 4/2 aus der seelischen Geistzahl und der geistigen Seelenzahl zusammen.

Das zweite Dreieck 1/5 setzt sich aus der geistigen Geistzahl und der seelischen Seelenzahl und das dritte Dreieck 7/8 aus der körperlichen Geistzahl und der körperlichen Seelenzahl zusammen. Dies lässt sich auf wie folgt darstellen:

1. Dreieck: 4   seelische Geistzahl   Verstand mit Gefühl
              2   geistige Seelenzahl   Verstand mit Gefühl

2. Dreieck: 1   geistige Geistzahl   totaler Verstand
              5   seelische Seelenzahl   totales Gefühl

3. Dreieck: 7   körperliche Geistzahl   Umsetzung mit Verstand
              8   körperliche Seelenzahl   Umsetzung mit Gefühl

Im untenstehenden Numeroskop (Geistbild) wäre das erste Dreieck 4/2 auf der Gefühls- und Luft-Ebene, also Gefühl/Sensibilität und Intuition/Denken, das zweite Dreieck 1/5 auf der Geist- und Erd-Ebene, also Intuition/Wille und Vitalität/Kreativität und das dritte Dreieck 7/8 auf der Erd-

und Wasser-Ebene, also Vitalität/ Kreativität und Sensibilität/Objektivität. Man kann auch sagen, dass es hier die „vertikalen" Ebenen sind, die hier von links nach rechts „durchgearbeitet" werden.

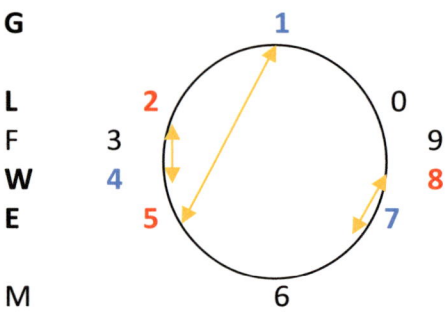

Hier geht es ebenfalls vor allem um die Verbindung von Gefühl und Verstand – aber mit „umgekehrten Vorzeichen"!

Nach Alper würde dies mit den Planeten wie folgt aussehen:

1. Dreieck: 4 Saturn   Realität, Fixierung, Statik
Kopf+Bauch 2 Neptun   Fantasie, Denken, Erkenntnis, Intuition

2. Dreieck: 1 Pluto   Individualität, Wille, Eingebung
Geist+Füsse 5 Jupiter   Glaube, Organisation, Entgrenzung

3. Dreieck: 7 Sonne   Vertrauen, Geist, Materie
Füsse+Bauch 8 Venus   Emotion, Ästhetik, Harmonie

Die einzelnen Zahlen der Zentrumszahl 9

Bei einer Zentrumszahl 9 sind die Quersummen des physischen Dreiecks IMMER 3 6 und 9 – also körperliche Zahlen – und die Quersummen des psychischen Dreiecks ebenfalls IMMER 3, 6 und 9, also ebenfalls körperliche Zahlen. Dies sehen wir aus untenstehendem Beispiel:

Geburtstag 24.03.1941:

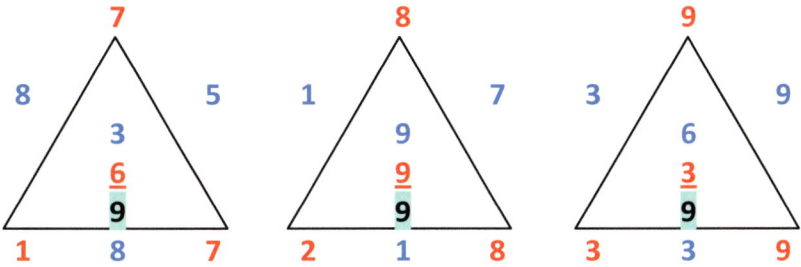

Hierbei setzt sich das erste Dreieck 3/6 aus der geistigen und der seelischen Körperzahl zusammen.

Das zweite Dreieck 9/9 setzt sich beide Male aus der körperlichen Körperzahl und das dritte Dreieck 6/3 aus der seelischen und der geistigen Körperzahl zusammen. Dies lässt sich auf wie folgt darstellen:

1. Dreieck:	3	geistige Körperzahl	Umsetzung mit Verstand
	6	seelische Körperzahl	Umsetzung mit Gefühl
2. Dreieck:	9	körperliche Körperzahl	totale Umsetzung
	9	körperliche Körperzahl	totale Umsetzung
3. Dreieck:	6	seelische Körperzahl	Umsetzung mit Gefühl
	3	geistige Körperzahl	Umsetzung mit Verstand

Im untenstehenden Numeroskop (Geistbild) wäre das erste Dreieck 3/6 auf der Feuer- und Erd-Ebene, also Tatkraft/Impuls auf der Herzebene und Durchsetzung/Energie, das zweite Dreieck 9/9 auf der Feuer-Ebene, also Tatkraft/Impuls und Intellekt/Wahrheit auf der Herzebene und das dritte Dreieck 6/3 wieder auf der Erd- und Feuer-Ebene, also wieder Durchsetzung/Energie und Tatkraft/Impuls auf der Herzebene. Man kann auch sagen, dass es hier **eine „Mischung" aus einer vertikalen Ebene und einer horizontalen Ebene** ist, die hier von oben nach unten und von links nach rechts „durchgearbeitet" wird.

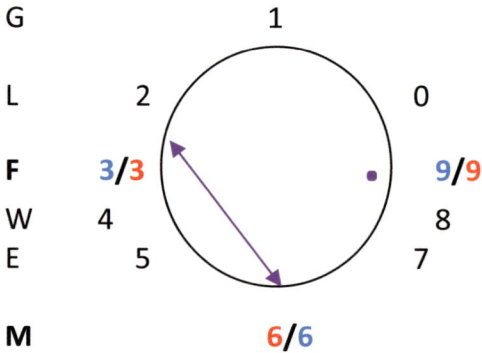

Hier geht es vor allem um die Umsetzung – in allen „Varianten"!

Nach Alper würde dies mit den Planeten wie folgt aussehen:

1. Dreieck: 3 Uranus   Freiheit, Unabhängigkeit, plötzl. Impuls
Herz+Füsse 6 Mars   Durchsetzung, Mut, Tat, Energie

2. Dreieck: 9 Merkur   Intellekt, Analyse, Handel, Sprache, Herz
Herz   9 Merkur   Intellekt, Analyse, Handel, Sprache, Herz

3. Dreieck: 6 Mars   Durchsetzung, Mut, Tat, Energie
Füsse+Herz 3 Uranus   Freiheit, Unabhängigkeit, plötzl. Impuls

Herzebene = die wissenschaftliche Ebene des rationalen Denkens und des Verstandes; Reaktion verstandesmäßig

Wenn wir im Numeroskop dann bei den einzelnen Zahlen aller Zentrumszahlen in den einzelnen Ebenen noch die Elemente-Zuordnung machen, dann erkennen wir folgendes Bild:

	3	6	9
Geist	1	1	
Luft	1	1	
Feuer			4
Wasser	2	2	
Erde	2	2	
Materie/Körper			2

Die Zentrumszahl 9 ist die einzige der Körper-Zentrumszahlen, welche auf der Feuer- und Körperebene arbeitet. So muss hier für vieles oder sogar für alles die Sinnhaftigkeit des Feuers gegeben sein bzw. die 🤎-Ebene angesprochen werden, ansonsten das Materielle u/o der Körper positiv oder negativ darauf reagieren wird.

Bei den anderen beiden Zentrumszahlen 3 und 6 arbeiten mehr der „Verstandes-Input" und die „gefühlsmäßige Umsetzung" Hand in Hand, wobei hier entweder der Verstand über das Gefühl oder umgekehrt dominiert bzw. ob zuerst eine positive oder eine negative Umsetzung der Gefühle oder ein positiver oder negativer Impuls/Input in den Verstand erfolgt und dann das Handeln dementsprechend ausfällt!

Die rechte und die linke Hirnhälfte und die dazu gehörenden Zahlen

Eine andere Möglichkeit mit den einzelnen Zahlen der magischen Dreiecke bzw. den Salomons-Siegeln zu arbeiten wäre, sie im Kontext mit dem Gehirn zu sehen, wobei auf der linken, männlichen Seite die Verstandeszahlen 1, 4 und 7, und auf der rechten, weiblichen Seite die Gefühlszahlen 2, 5 und 8 stehen würden. Dies würde sich wie folgt präsentieren:

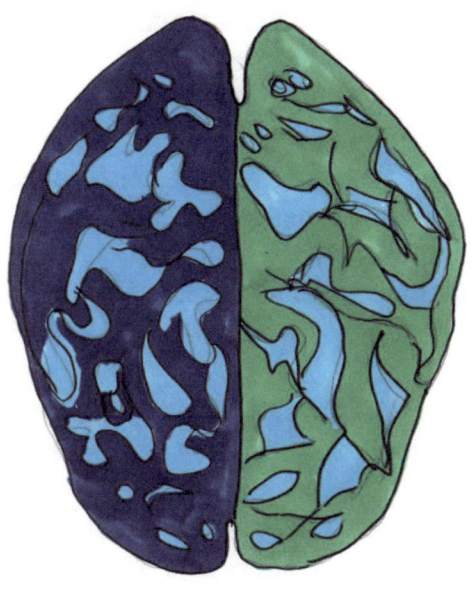

1-4-7   Rückseite des Körpers   **2-5-8**

Die Gefühlszahlen würden dabei die Seele und das Unterbewusstsein darstellen und hätten mit der Metaphysik zu tun. In der Astrologie würde man dies mit dem Mondsymbol assoziieren. Stichwörter dazu wären hier: Intuition, Musik, Geruch, Ganzheitserfassung, Zeitlosigkeit und Symbolik. Diese Zahlen stellen das mütterliche Erbe dar.

Die Verstandeszahlen würden dabei den Intellekt und das Bewusstsein repräsentieren und hätten mit der materiellen Realisation zu tun. In der Astrologie wäre es das Symbol der Sonne. Weitere Stichwörter dazu wären: Logik, Sprache, Lesen, Schreiben, Rechnen, Analyse, digitales und lineares Denken sowie Abhängigkeit von der Zeit. Diese Zahlen stellen den Geist dar.

Man könnte die einzelnen Zahlen also mit den Gehirnhälften in Verbindung bringen und die magischen Dreiecke u/o die Salomons-Siegel so analysieren. Es wäre sicher sehr interessant, diese Möglichkeit der Zahlen-Analyse ebenfalls in Betracht zu ziehen, denn in der heutigen intensiven und chaotischen Zeit werden die Herausforderungen immer grösser. Wir ko-kreieren unsere Wirklichkeit mit unseren Gefühlen, Gedanken und Wahrnehmungen selbst. Nun haben wir die Möglichkeit bewusste Mitschöpfer zu sein und den Bewusstseinswandel potenziell mitzuprägen!

Das momentane westliche Weltbild „arbeitet" im Moment vor allem mit der linken männlichen Verstandesseite des Gehirns: alles ist rational, vernünftig und analytisch. Aber dies ist nur eine Seite unserer Natur. Wie die Münze hat unsere Ganzheit zwei Seiten und dazu gehört auch die rechte weibliche Gefühlsseite, denn interessant ist: In der Gefahr schaltet das Gehirn automatisch auf diese weibliche, intuitive Seite um!

Das Gehirn kann diese beiden polaren Seiten jedoch nicht gleichzeitig „bearbeiten", sondern nur nacheinander und dadurch entsteht dann die Erkenntnisfähigkeit. Ohne die beiden Pole wäre dies gar nicht möglich.

Das Jahr 2012 hat uns allen viele Ängste gebracht und alles noch Blockierte zur Bearbeitung hochgespült. Es hat uns gezeigt, an welchen Dramen wir in unserem Leben noch hängen ... Die Energie der 5 – die Quersumme von 2012 – hat oder hätte uns Unabhängigkeit, Freiheit und Spiritualität gebracht oder bringen sollen. Aber es stellte sich auch die Frage: WELCHE Abhängigkeiten sind dazu zu überwinden? In diesem neuen Jahr - und Neuem Zeitalter – 2013 mit der Quersumme 6 wären die Antwort darauf die beiden Schlüsselwörter Liebe und SELBST-Liebe. Leider steht die Zahl 6 im negativen Sinne auch für Gewalt, Zerstörung und Zwänge und da sie eine Körperzahl ist auch für Staus im Körper und aggressiven Körperausdruck. Das leitet uns über zum nächsten Kapitel.

Der Körper und seine Zahlen

Wenn also nun die linke männliche Seite des Gehirns die Verstandeszahle 1-4-7 und die rechte weibliche Seite die Gefühlszahlen 2-5-8 repräsentieren, so braucht es für die obengenannte Erkenntnisvermittlung oder für die Verbindung zwischen diesen beiden Gehirnseiten oder Polen eine „Straße".

Diese Straße nennen wir den Körper und ihre Zahlen sind 3, 6 und 9. Sie nennen sich auch Umsetzungszahlen und stellen das väterliche Erbe dar.

Und wie schon in meinem Buch „karmisch-astrologische Numerologie" auf Seite 106 erwähnt: Die geschlechtliche Fortpflanzung passiert aus dem Grund, damit bei jeder neuen Inkarnation eine neue „Qualitäts-Mischung" erfolgen kann UND das männliche Geschlecht gibt den Anstoß dazu, denn Chockmah/ABBA emaniert in Binah/AMMA! Das heisst also, dass das weibliche Geschlecht, also die Mutter/AMMA das Materielle, also den Körper, liefert. Das männliche Geschlecht/ABBA „liefert" mit den Verstandes- und den Gefühlszahlen die Möglichkeit der Vermittlung von Erkenntnis.

Der Körper dient also als Vehikel zur Vermittlung von Erkenntnis!

Wir können aber den Körper selbst noch in weitere verschiedene Körper-, Seele- und Geist-Abschnitte unterteilen. Dies sieht dann wie folgt aus:

Geist

Seele

Körper

Oder nochmals unterteilt sogar so:

Geist 1, Seele 2, Körper 3

Geist 4, Seele 5, Körper 6

Geist 7, Seele 8, Körper 9

Diese werden folgendermaßen benannt:

Geist in:

Geist 1:	die **geistige** Geistzahl; totaler Verstand
Seele 2:	die **geistige** Seelenzahl; Verstand mit Gefühl
Körper 3:	die **geistige** Körperzahl; Umsetzung mit Verstand

Seele in:

Geist 4:	die **seelische** Geistzahl; Verstand mit Gefühl
Seele 5:	die **seelische** Seelenzahl; totales Gefühl
Körper 6:	die **seelische** Körperzahl; Umsetzung mit Gefühl

Körper in:

Geist 7:	die **körperliche** Geistzahl; Umsetzung mit Verstand
Seele 8:	die **körperliche** Seelenzahl; Umsetzung mit Gefühl
Körper 9:	die **körperliche** Körperzahl; totale Umsetzung

Dies würde in der Numerologie dem Seelen-Bild entsprechen, welches wie folgt aussieht:

Körperlich und astrologisch werden diese Partien in meiner St.John-Methode© im Moment wie folgt dargestellt:

Geist 1:   Zirbeldrüse   Wassermann

Seele 2:   Augen und Ohren   Widder

Körper 3:   Speise- und Luftröhre Schilddrüse   Stier, Zwillinge

Geist 4:   Herz, Thymusdrüse   Löwe

Seele 5:   Milch- und Bauchspeichel-Drüse   Krebs, Jungfrau

Körper 6:   Keimdrüsen, Zeugungs-Organe   Skorpion

Geist 7:   Becken, Hüfte, Hormon-   Waage, Schütze
                Drüsen, Nebennieren

Seele 8:   Knie   Steinbock

Körper 9:   Füße, Drüsensystem   Fische

Es könnte also sehr interessant sein, die persönlichen magischen Dreiecke u/o die Salomon-Siegel auch einmal in diesem Kontext anzuschauen und zu analysieren!

Zusammenfassung

Wie man sieht, können die Zahlen auf die verschiedensten Arten unterstützen:

- Als Entwicklungsschritte im physischen Dreieck: Wie sieht in einem speziellen Jahr der Weg der Materie / des Körpers aus?
- Als Entwicklungsschritte im psychischen Dreieck: Wie sieht in einem speziellen Jahr der geistig-spirituelle Weg aus?
- Als Salomon-Siegel einzeln u/o als Zyklus von 9 Jahren: Wie lassen sich diese verschiedenen Wege miteinander verbinden im a) Zusammenhang von psychischem und physischen Dreieck und b) im Vergleich des ganzen 9-jährigen Zyklus und was sagt die „Essenz" – also die Zentrumszahl - darüber aus?
- Als Zentrumszahlen durch die Körperzahlen 3, 6 oder 9 repräsentiert: im Allgemeinen, als Bedeutung im hebräischen Alphabet, als Tierkreiszeichen und als Haus.
- Als Zentrumszahlen durch die „Zahl des Selbst" oder durch die göttliche 7. Zahl im Allgemeinen, als Bedeutung im hebräischen Alphabet, als Tierkreiszeichen und als Haus.
- Als Zentrumszahlen in der Abfolge von drei Jahres-Dreiecken: Welche Ebenen werden tangiert bzw. wie zeigen sich die Entwicklungsschritte (horizontale oder vertikale Ebene oder eine Mischung dieser beiden?) Welche Elemente werden dadurch für die

Weiterentwicklung besonders hervorgehoben bzw.
- auf welche Art findet die Entwicklung am besten statt? Durch evtl. welche Planeten kann diese Entwicklung ebenfalls vonstattengehen?
- Als Zahl auf den Körper bezogen: Wie steht die einzelne Zahl in Beziehung dazu? Welche Ebene des Körpers wird in einem speziellen Jahr für die Entwicklung besonders hervorgehoben?

Abschliessende Bemerkungen

„Selig ist der Mensch, der sich abmühte; er hat das Leben gefunden."
(Jesus Christus)

Wenn die magischen Dreiecke und die Salomon-Siegel angeschaut und umgesetzt werden, dann wird mit Sicherheit weiteres Unbewusstes ins Bewusstsein eintreten. Ich hoffe, das Wissen einigermaßen verständlich weiter gegeben zu haben – dieses ins eigene Leben zu integrieren ist die Aufgabe jedes Einzelnen selbst.

„Bezüglich der letztgültigen Dinge können wir nichts wissen, und nur wenn wir dies anerkennen, finden wir unser Gleichgewicht wieder.
(Carl Jung)

Die Menschen können durch die Aussagen dieses Buches in den Wirkungen verschieden reagieren – dafür kann von der Autorin keine Verantwortung übernommen werden.

„Alle Beschreibungen der Wirklichkeit sind vorläufige Hypothesen."
(Buddha)

Eigentlich ist das Streben nach Glück nur eine naive Illusion - Maya -, vor allem dann, wenn es nur im Außen gesucht wird. Jeder Native hat sein ganz persönliches Karma, welches er abzutragen hat. Darum muss er sich durch zahlreiche

Prüfungen hindurcharbeiten – und zwar aktiv und bewusst. Unser freier Wille entscheidet, wie und wann wir diese Prüfungen bestehen.

„Ich werde die edlen Seelen in die Einsamkeit führen und dort werde ich mit ihrem Herzen sprechen: eins mit dem Einen, eins vom Einen und in Einem, eins er selbst auf ewig."
(Meister Eckhart, Mystiker und Theologe)

Selbsterkenntnis bringt ein bewusstes und erfülltes Leben!

„Streck die Arme aus, so trägst Du in dem einen die Vergangenheit und im anderen die Zukunft, doch Dein Körper weilt ewig im Jetzt. Bring die Arme zusammen, dann ruhen beide auf dem Herzen, und Du hörst den wahren Rhythmus der Welt."
(Rosina-Fawzia al-Rawi)

Zum Schluss wünsche ich dem Leser wieder viel Spaß sowie erkenntnisreiche Erfahrungen durch die magischen Dreiecke und die Salomon-Siegel in der St.John-Methode©!

„Heilung ist versöhnen im Innern und im Äußeren. Heilung bedeutet, dass die Ganzheit wieder hergestellt wird ..."
(Paul Ferrini)

Anhang

Formulare für die magischen Dreiecke:

physisch:

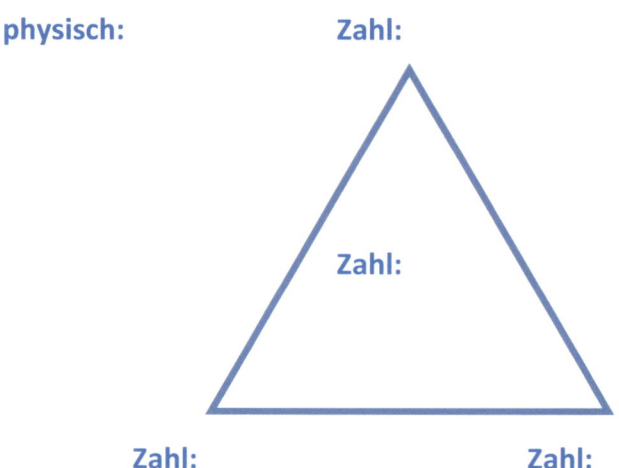

psychisch:

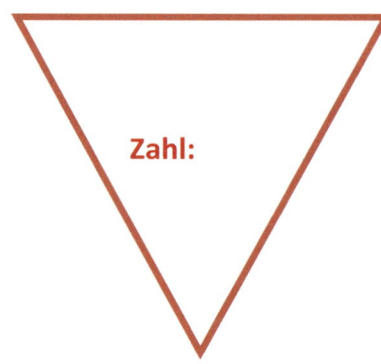

Formular für das Salomon-Siegel:

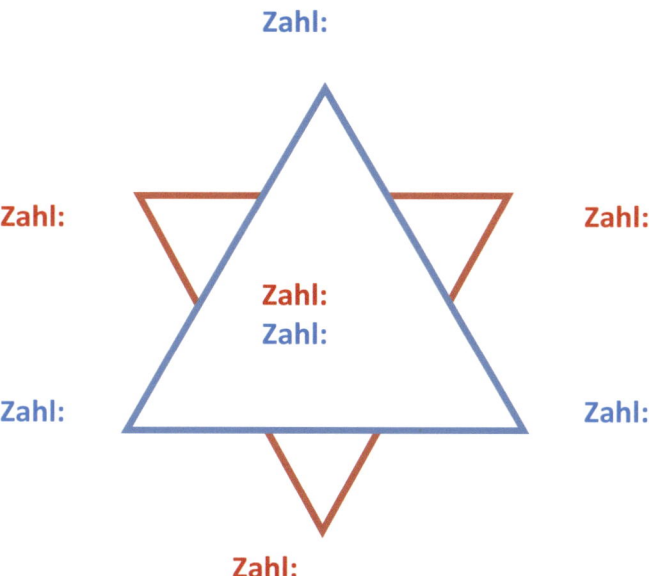

Quellennachweis

- **Kushner** Lawrence, "Sefer Otijot", Verlag Roman Kovar, 1996, ISBN 3-925845-72-0.
- **Alper** Frank, spirituelle Namens-Numerologie
- **Levi** Eliphas, "Einweihungsbriefe in die Hohe Magie und Zahlenmystik", Ansata, 1990, ISBN 3-7157-0129-3.
- **Jakob** Jan, "vom Geheimnis der Buchstaben", BoD, 2010, ISBN 9-783839-167557
- **Weinreb** Friedrich, „Buchstaben des Lebens", Verlag Herder Freiburg im Breisgau, 1979, ISBN 3-451-07699-3
- **St.John** Nicole, „karmisch-astrologische Numerologie", BoD, ISBN 9-783844-810684
- **Vieth** Ira Gertrud, „das große Kreuz im Horoskop", Chiron Verlag, 1995, ISBN 3-925100-18-0
- **Hürlimann** Gertrud, „Astrologie – ein methodisch aufgebautes Lehrbuch", Oesch Verlag, 11. überarbeitete und erweiterte Auflage 2006, ISBN 3-0350-1503-1
- **Steiner** Rudolf, u.a. „Embryologie", Vortrag aus dem Jahre 1903, aus: wiki.anthroposophie.net/Bibliothek:Rudolf_Steiner
- **Benedikt** Heinrich Elijah, „Die Kabbala", Bauer-Verlag, 2002, ISBN 3-7626-0756-7

Über die Autorin

Nicole St.John, Numerologin, Astrologin mit u. a. Zusatzausbildung in Karma-Astrologie und seit vielen Jahren in eigener astrologisch-psychologischer Beratungspraxis tätig. Sie forscht in diesen Bereichen wie auch in anderen und gibt Ausbildungen und Kurse in Numerologie und Astrologie – dabei integriert sie ihre Erfahrungen in ihrer St.John-Methode©. Sie ist Fachmitglied des "Schweizer Astrologenbundes" (SAB).

Besuchen Sie die Autorin unter ihrer Website www.astrologieundlicht.ch

Von ihr ist bisher erschienen:

- "karmisch-astrologische Numerologie, 128 Seiten, BoD-Verlag, 2011, ISBN 9-783844-810684